背影

马未都

著

人民文学出版社

图书在版编目（CIP）数据

背影/马未都著.—北京：人民文学出版社,2021（2025.4 重印）
ISBN 978-7-02-017103-3

Ⅰ.①背… Ⅱ.①马… Ⅲ.①散文集—中国—当代 Ⅳ.①I267

中国版本图书馆 CIP 数据核字（2021）第 087121 号

选题策划　刘　稚
责任编辑　黄彦博　王昌改
装帧设计　刘　静
责任印制　宋佳月

出版发行　人民文学出版社
社　　址　北京市朝内大街 166 号
邮政编码　100705

印　　刷　北京盛通印刷股份有限公司
经　　销　全国新华书店等

字　　数　120 千字
开　　本　880 毫米×1230 毫米　1/32
印　　张　9
印　　数　124001—127000
版　　次　2021 年 6 月北京第 1 版
印　　次　2025 年 4 月第 15 次印刷

书　　号　978-7-02-017103-3
定　　价　55.00 元

如有印装质量问题,请与本社图书销售中心调换。电话:010-65233595

父 马丹林 1926—1998

这是父亲第一张照片，摄于解放战争行进途中，鞋上还有泥巴，父亲说行
军很累，所以脱下鞋子休息一下。人生第一张照片如此松弛，个性使然。

世上空驚故人少

集中惟覺祭文多

——唐·劉禹錫

目　录

自序

父亲去世的时候，我才对生死有了切肤的感受。我轻易不落泪，那天捧着父亲的骨灰盒双泪长流。人生唯有一死真真切切，后辈既无法挽留，也无法补偿，只能拊膺长叹，体会生死离别之痛。

生与死是人生的大课，个人无从决定选择，它与人的意志无关。随着年龄增长，我渐渐感觉到死亡的逼近。一个人活得再好再久，也是活一天减少一天，死亡虽不知哪天到来，但它一定在终点等着你。李白说得实在："生者为过客，死者为归人。天地一逆旅，同悲万古尘。"诗言志，亦可言情。

我写不了诗，但可以写文，写文悼念逝者，算是给心灵一个慰藉。所以自父亲去世后，我开始动笔写悼文，那一年，我已过知天命之年。

自打为父亲写悼文开始，发现身旁去世的朋友忽然增加，年长年近年轻者皆有，常常让人猝不及防，一声叹息。别人的生死，实际上是自己的镜子；七情喜怒忧思悲恐惊，六根眼耳鼻舌身意，五蕴色受想行识，四谛苦集灭道，无不伴随人的一生，有的自我可以感受，有的则是旁观者清。

我年轻时喜动，好交友：忘年交、莫逆交、肺腑交、布衣交、管鲍之交、物外之交、萍水之交、患难之交，等等等等。与人交往乃人生第一快事，可以知人事，懂人情，晓人性，窥人生。我们在与人的交往中，学习成长相知相融；而每个人不论活得好坏，都有属于自己的一生。

生死是个哲学命题。孔子说：未知生，焉知死。庄子说：人之生也，与忧俱生。孟子说：生于忧患，而死于安乐。老子说得简单：出生入死。先哲们说得深奥，但后人是否能活得明白却是一生要面对的课题。活得明白，说易做难；大多数人出现实际问题时都有糊涂至少犹豫的时刻，那我们的人生究竟要明白什么？

首先，要明白我们来到这个世界是个偶然。世界对你重要，你对世界并不重要。即便是历史最伟大的人物，世界离开他也照常运转，何况我们一介平民。当我们偶然来到这个世界上，要珍惜自己，珍惜自己存在的意义。

其次，要懂得人生是在活出一个道理。凡事都有潜在的规律，不论你是否遵循这一规律，它依然会按事先的轨道运行。吻合规律就可以活得精彩，打破规律就会受到惩罚。这就是道理，明白人会借势而为，即使逆流而上。

再次，要知晓生死有命，富贵在天。人生是有命数的，自己不知，不代表上天不知。每个人自打出生那一刻起，就开始奔向死亡。路途漫漫，荆棘密布，但一路会有风光，会有四季，让人在生的过程中领略生命之美丽，死亡之神圣。

我陆陆续续地写的悼文就是记载着各色人生。这里有亲人，有名人，有素人，他们每一个人都与我或多或少地有过交集，养我教我帮我助我；记录他们是我对他们的最后一份感谢；人生就是如此奇特，阴阳两隔时，唯有纸笔可以尽情肆意。

如果天假以年，我会继续写下去，为我们所处的时代画像。首集二十五人，其中对于我最重要的是我的父亲，我把他的照片放在扉页，以纪念他给予我的养育之恩，感恩他把我带到这个五色缤纷的世界。

是为自序。

辛丑二月初八

看视频，听故事

镇锣岛人

1926.2~1998.12

父亲口吃，终生未获大的改观，但他最愿做的事就是教孩子们如何克服口吃。我年少的时候，常看见他耐心地向我口吃的同学传授一技之长。他说，口吃怕快，说话慢些拖个长音就可解决。

父亲口吃，时重时轻，关键看什么人在场。按母亲的话，他生怕生人不知道他是个结巴。言外之意，父亲在生人面前，第一次开口先表明自己的弱项，而且总是夸大了这一毛病。

我小时候听过父亲做报告，记得我站在大礼堂门口，听了一个多小时也没见他结巴一句，好生奇怪地回了家。后来在电视上看见有明星介绍自己，平时结巴，一演戏口若悬河，就深信不疑。

父亲行伍出身，但有些文化。据父亲讲，五岁时他的祖父、我的曾祖父天天背着他去读书。父亲是长子长孙，估计在封建观念很重的民国初期，还是占便宜的。我的老家在胶东半岛的顶端，叫镇锣岛，名字古老而有文化，取自宝剑之名。间歇半岛是非常奇异罕见的地貌现象，每天退潮后形成半岛，有一条路与大陆相连；镇锣岛海底沙子

父亲　1950 年　上海

4

硬朗，退潮后可以开车出入，全世界都不多见，价值连城，如开发为旅游地，肯定是个聚宝盆。可惜在三十多年前被无知的时代无知的人费劲巴拉修了一条水泥马路，把这个间歇半岛彻底毁了，当时还大张旗鼓地上了报纸，当好事宣传了很久。

父亲十几岁的时候就从镇锣岛中走出来当了兵，参加了革命。因为有点儿文化，一直做思想工作，从指导员、教导员干到政委。父亲曾经对我说，他们一同出来当兵的有三十九人，到解放那年就剩一个半了：他一个全活人，还有一个负伤致残。抗日战争期间，山东战斗激烈，日本人的"三光政策"大部分都是在山东境内实施的。老电影《苦菜花》《铁道游击队》都是描写山东的抗日战争。解放战争时，山东战场打得惨烈，父亲打完孟良崮战役，打济南战役，接着打淮海战役、渡江战役，最后打完上海战役进驻上海，五年后奉命晋京。

父亲开朗，小时候我印象中的他永远是笑呵呵的，连战争的残酷都以轻松的口吻叙述，从不渲染。他告诉我，他和日本人拼过刺刀，一瞬间要和一个素昧平生的人决以生死，其残酷可想而知。他脸上有疤，战争时代留下的，你问他，他就会说，挂花谁都挂过，军人嘛，活下来就是幸运了。

我与父亲 1980年 黄河边

我从父亲身上学到的坚强与乐观，一辈子受用。上一代人经历风风雨雨，在今天的下一代人看来都不可思议。从战争中走出来，九死一生；进入和平建设时期，各类运动对今天的青年来说，闻所未闻；"三反""五反"，"反右""四清"，"文化大革命"，那一代人无论职位高低都要历练一番，都要"经风雨，见世面"。

我虽是长子，小时候还是有些怕父亲。那时的家长对孩子动粗是家常便饭，军队大院里很流行这种风气，所以我看电视剧《激情燃烧的岁月》中石光荣打孩子，觉得真实解气，多少还有点儿幸灾乐祸。小时候家中没什么可玩的，没玩具也没游戏机、电视什么的，男孩子稍大都是满院子野。一到吃饭的时候，就能听得见各家大人呼唤孩子吃饭的热情叫声。父亲叫我的名字总要加一个"小"字，"小未都小未都"地一直叫到我二十多岁，也不管有没有生人在场。

战争中走过来的军人对孩子的爱是粗线条的，深藏不露。我甚至不记得父亲搂过我亲过我，人受环境的影响都是不知不觉的，战争时期没有儿女情长。我十五岁那年，父亲带我第一次回老家。山东人乡土观念重，但他参军后很少回家，因为要打报告获准。他在路上对我说，十多年没回老家了，很想亲人，想看看爹和娘，你弟妹不能都带上，

父亲　1950年　上海

带上你就够了。那次让我感到做长子的不同。

那时路上火车很慢，他按规定可以报销卧铺票，我得自费。那年月没人会自费买卧铺，都在硬座上忍忍就过去了。我和父亲就一张卧铺，他让我先睡，他在我身边凑合坐着。我十五岁已长到成人的个儿，睡觉也不老实，结果躺下一觉到天亮，醒来看见父亲一人坐在铺边上，瞧样子就知他一宿没睡。我有些内疚，父亲安慰我说，小时候他的祖父还每天背着他渡海去读书呢！

我与父亲很亲，但回忆起他来却什么事也连不成个，支离破碎的。印象深刻的是父亲那一笔十分有个性的字，书体独特，找不着字帖可比。以前电话没这么方便，父亲常写信给我们兄妹，那时候半年一年见不到父亲是常事，父亲在湖南株洲、四川江油"四清""支左"过，这些历史今天解释起来都有些困难。

小时候做点错事，父亲就会说，你小子想造反哪！说着说着还备不住扇一巴掌。终于在我十一岁那年夏天，楼上一个比我大两岁的孩子告诉我，可以造反啦！在那天之前，"造反"在我印象里是个坏词，可那天之后，报纸上居然印着"造反有理"，天地翻覆了。我们当时无

全家福　1958 年　北京

法知道那场"革命"对父亲那辈共产党人有多大影响，反正从那年夏天起，家里就再没有消停过。

　　一九六八年的隆冬，父亲只身带着我们兄妹三人，拎着两件全家的行李，登上了北去的列车，到了黑龙江省宁安县的空军"五七干校"。直至一九七一年初我才又回到北京，所以我一老北京，户口本上却奇怪地写着由黑龙江省宁安县迁入。如不说这段历史，户口本是没法证明我是土生土长的北京人的。我生于北京，长于北京，只有那两年不在北京，连户口都迁了出去，按老话说算是闯了关东。

　　刚去东北的时候特苦，吃食堂，没油水，而我们都是长身体的时候。空军干校是由废弃机场临时改建的，空旷的视野中净是些没用的大房子。东北的冷那才叫真正的冷，一直可以冻得人意志崩溃。那时的人觉得做无产阶级光荣，所以家里什么都没有；从北京启程的时候，父亲在行李中只塞了一口单柄炒菜锅，木柄已卸掉，避免太占地。刚到干校的一天，父亲叫上我们兄妹三人，随他走到很远的一座大房子里，这座房子估计以前是个库房，四处漏风，中间有一个高高的油桶改装的大炉子。父亲拢上柴，点上火，支上锅，安上锅柄，变戏法地从军大衣兜里掏出几把黄豆，在锅中翻炒起来。

父亲 1982年 北京

炉子太高，父亲架着胳膊，看着很辛苦，他嘴里不停地说，火不能太大，大了就煳了，别急啊！我们兄妹就满屋子捡碎木头细树枝，帮助父亲添柴。

我看见父亲被火光映红的脸露出了笑容，父亲说，总算炒好了，放凉了就能吃了。他高高地举着胳膊欲将锅从火炉上端下来，一瞬间，事故发生了，由于锅柄安得不牢，炒菜锅一下倾翻，一锅黄豆一粒不落地扣入火中，火苗子蹿起一人多高。

那天，我的难过我还可以描述，可父亲的难过恐怕无法说清。

就是这样的小事，让我记住了父亲。父亲晚年本来身体特棒，却不幸罹患癌症，七十二岁过早地去世了。那段日子我工作忙，只为父亲挑选了一块墓地，其他事情都由母亲和弟妹做了。父亲病重的日子，曾把我单独叫到床前，他告诉我，他不想治疗了，每一分钟都特别难过，癌细胞侵蚀的滋味不仅仅是疼，还难受得说不清道不明。他说，人总要走完一生，看着你们都成家了，我就放心了。再治疗下去，我也不会好起来，还会连累所有人。

父亲经过战争，穿越了枪林弹雨，幸存于世。他开玩笑地对我说过，曾有一发哑弹，落在他眼前的一位战友身上，战友牺牲了，他万幸活着，如果死了就不会有我了。所以每个人来到世间，说起来都是极偶然的事。

癌症最不客气，也没规律，赶上了就得认真对待。过去这关属命大，过不去也属正常。父亲认真地说，拔掉所有的管子吧，这是我的决定。我含泪咨询了主治医生，治疗下去是否会有奇迹发生？医生给我的回答是否定的。

一九九八年十二月十九日晚上，在拔掉维持生命的输液管四天后，父亲与世长辞，留给我无尽的痛。过去老话说，树欲静而风不止，子欲养而亲不待。深刻而富于哲理。

父亲口吃，终生未获大的改观，但他最愿做的事就是教孩子们如何克服口吃。我年少的时候，常看见他耐心地向我口吃的同学传授一技之长。他说，口吃怕快，说话慢些拖个长音就可解决。一次，我看见他在一群孩子中间手指灯泡认真地教学：灯——泡！开——关！其乐融融。

　　父亲走了整十年了，只要回忆起他就会怅然，很多时候还会梦见他。有时候我一个人独坐窗前思念父亲，他的耿直、幽默、达观等优秀品质均不具体，能想起又倍感亲切的却是父亲的毛病——口吃。反倒是这时，痛苦的回忆让我哑然失笑，让我能提起笔来为父亲写这篇祭文。

2008 年 12 月 19 日父亲十周年祭

江湖客秦公

1943.9~2000.5

秦公耳聋，凡不便立即作答的事情他立刻就聋了。不知他的左耳听力优于右耳，还是劣于右耳，他常把左手罩在左耳上，侧首倾听。与秦公熟识的人都会知晓他这个典型动作。

秦公耳聋，凡不便立即作答的事情他立刻就聋了。不知他的左耳听力优于右耳，还是劣于右耳，他常把左手罩在左耳上，侧首倾听。与秦公熟识的人都会知晓他这个典型动作。

一个人想得到乐趣全在于自己把握。工作与生活分开是一种乐趣，分不开也是一种乐趣。在外人看来，秦公属于那种没有生活情调的人，只有工作，不顾其他。他办公室后面藏有一间小屋，杂乱窄仄，内有一铺，说床就豪华了。这张铺是他的窝。无论白天夜里，困了就眯上一觉，醒来时他习惯双手向后，捋捋稀疏的头发，活动一下沉睡的思维。我常笑他是婴儿觉，短且多，困了就睡，睡会儿就醒，所以他习惯熬夜。

按理说，岁数稍大就不能熬夜了。他不然，喜欢熬，尤其喜欢有人陪熬。在很多夜晚，我陪他聊，熬鹰一样到天明。没人陪时他喜欢

秦公　1998 年　北京

独自看电视剧，武打言情是他的最爱，这与他早年练摔跤有关。他有一帮老跤友，聚齐时常常沉醉于年轻状态，让外人看着有些可笑。我曾贸然和他试过身手，他一上手就吓了我一跳，我怕他手重，把我后半生毁了，没等惨剧发生我就告饶了。看得出他很得意，说赶明儿找个垫子再来，摔不疼你的。

他走了，就没这个机会了。我小他一轮，同属羊，见第一面就视他为兄长。我年轻时酷爱古董，今天与谁聊古董都有兴趣，可二十多年前没什么人愿意搭理我。我进入这行是个另类，尤其年轻，像有怪癖。癖就是病字偏旁，病态。在一个民族从灾难中走出来，蓬勃向上之际，我是沉舟侧畔。遇见秦公，只三言两语，便有知遇之感。忘记谁告诉我宽额大耳慈眉善目的他叫秦公，我以为是尊称，如张公李公，便口无遮拦地一通乱叫，错是没错，但多有不恭。后来有一天，我知道这是个误会，便向他解释道歉，出了一身大汗，觉得十分不好意思。他也不计较，说他没这感觉，习惯了。

早年我尚有一份官差，在出版社充当编辑，业余时间全花在琉璃厂，逛书店、逛古董店。那时的古董店不如现在亲切，并不欢迎我这种没有外汇券的人。可能也觉得我有投机之嫌。现在翰海拍卖公司的大堂，

我与秦公　1996年　上海

那时叫韵古斋，主营瓷器，二楼是内柜，专门为高级干部所设。以今天的标准看，里面每件都是国宝。那时，瓷器是我的至爱，甭管是什么，我一见就迈不开步，两眼发直，旁若无人。韵古斋的营业员大都是女士，喜欢家长里短，我就找些话题与她们交流，以博好感；其实全是为了贴近瓷器，至今想起来仍觉可笑。

那时我对瓷器的痴迷程度一般人不能想见，可秦公的专业不是瓷器，是碑帖，俗称黑老虎，可见难度之大。若按古玩行旧式划分，这属软片儿，瓷器属硬片儿，隔着行呢！可我们仍有得聊，天南海北，信马由缰。后来，翰海公司成立，他常叫我来凑热闹，我也愿意多个学习机会，几乎成天泡在一起。那时虽累，但各类古董云集，目不暇接，十分享受。

今天的收藏热很大程度上是拍卖造成的。八十年代，买个古董很容易，只要有钱。一件心仪的古董在店里摆上几年是常有的事儿。接长不短地去聊聊天，去杀杀价，大有追求美人之乐。可有了拍卖就不一样了，一件拍品在半分钟之内就要决出胜负，残酷至极。可就是这种类似摔跤的销售方式，引起了秦公极大兴趣。

［清］乾隆　外洋彩内青花镂空花果纹六方套瓶　首都博物馆藏

秦公那种没日没夜的工作方式，谁也顶不住。好拍品一出现，他如孩童般地炫耀，反复给来人显摆，以逼人的热情介绍艺术品的高雅与获之不易。许多拍品就是在他的力荐下屡创新高。我有时开玩笑说他是天下第一卖家，其煽动性令我辈望尘莫及。

那些年我们常出门云游四方，征集拍品。无论到哪儿，都会有一大伙人凑在一起，煽呼海哨。对古董着迷的人都是各路神仙，一说起古董就眉飞色舞，摁都摁不住。秦公出门愿意带上我是因为我能解闷，还能圆场。记得有一年在上海，波特曼大酒店刚开张，以低价招揽客人，我们便占便宜住下。早晨在咖啡厅等人，可能是秦公不修边幅，小姐就告之坐在此便要消费，否则得站着。秦公一听火冒三丈，说我消费，来二百个茶鸡蛋。我瞥了一眼餐台，上面最多就二十个茶鸡蛋。小姐先是一愣，后就哭了，伤心得很，没见过北方汉子有如此肚量。我马上两头相劝，小姐委屈落泪，背着身肩膀一耸一耸的。秦公一见，起了怜香惜玉之心，口气也就软了下来。出门后我问他，如果餐厅真有二百个茶鸡蛋怎么办？他说当然给钱呀！江湖四海得不行。

这些都是小事。写此篇文章时，我绞尽脑汁也没想出什么惊天地

泣鬼神的大事。秦公走了快五年了，我在闲聊时常说起他的旧事、他
为人的厚道，许多不认识他的朋友听了也感慨万千。韩愈曾有诗句：
少年乐新知，衰暮思故友。如果我出生之日是起点，到现在为一站的
话，下一站也就是后半生绝没前半生的日子了。这样说，也算是衰暮了，
所以思念总是沉重。

秦公走得忒急了，我一想起他就是他那侧耳倾听之貌。也不知他
是在听还是在想。他耳聋，熟悉者皆知；但不知的是，聪者听于无声，
明者见于**无形**。

2005 年 4 月秦公五周年祭

·外一篇

上世纪八十年代我做文学编辑时，正是文学的鼎盛时期，搞文学的走到哪儿都罩着一层光环。那时文物并不吃香，搞文物的人都灰头土脸的，文学和文物碰在一起，文学一定趾高气扬，夸夸其谈；文物则一声不吭，一副闭门思过的样子。

我是在这种情况下认识的秦公。从我编辑部所在的胡同向西，穿过两条知名的大胡同，然后向北一拐，有一家文物收购点，建于民国，门脸不大，平时极冷清，由于我有些癖好，有事没事地骑车溜达于此，以看西洋景的心态看文物收购，一来满足好奇，二来碰碰运气，看看能否捡到漏儿。

以今天的眼光看地安门文物收购部算是奢侈至极。紫檀的写字台，紫檀的南官帽椅都在随便使用中，琳琅满目的古董随意摆放，任人上手欣赏。可在当时，这算一个穷地儿。改革开放初期，大家都在奔新生活，对这些曾经意味着腐朽和堕落的老物件十分不感兴趣，店里冷冷清清的，主人和客人互相都不怎么搭理，所以我去也就常在门口转悠，与客人搭讪，消磨时光。

我年轻时瘦，瘦给人印象不如胖憨厚，加上遇事反应又快，估计别人看我像是心怀鬼胎。那时少有年轻人对文物感兴趣，我只要去地安门文物店里转悠，都能感到工作人员的略带敌意目光，如芒在背。因此每次进店看东西都要在门口先运上一口气。

那一次，我运气后推门而进，屋里没人，光线挺暗，我就更没主意了，进退两难，爹着胆子喊了一声，从里屋走出一个人，由于逆光，我也没看清楚来人相貌，按常规喊声师傅，算是与秦公认识了。

那天该着屋里再没来人，我们俩先是不咸不淡地聊着，我心里惦记古董，心不在焉。秦公知我身份后却关心起文学来，说的问题也不外行，于是有了沟通基础。俩人越说越深，越聊越有兴致，很快就到了下班时间，出门分手时他告诉我说，他是搞碑帖的，俗称黑老虎。这时我才注意了秦公的长相，慈眉善目，长发宽额，一副菩萨相。

秦公是个散漫的人，作息毫无规律。人渐渐混熟了以后打电话也没个点儿。半夜三更地来一电话叫你去聊天也是常有的事情。二十世纪八十年代后期，他调到北京琉璃厂文物总店，我也辞去了编辑部的工作，对文物的热情日益高涨，琉璃厂快成了家，整天地泡在这条街上。那时候是收藏的黄金时代，琉璃厂什么宝物都可能出现，按今天的价值观看，随时都可能出现"天漏儿"。我在这条街买古董倒在其次，学本事是实实在在的事情，许多文物专家都是我在这条街上认识的。许多已经逝去的文物大家当时都是这条街的常客。

秦公好客，一请客就喜欢拉上我侃大山助兴。我年轻时走南闯北，见多识广，又善表达，每次都把一桌人说得乐翻了天，秦公背后就说我"男女老少通吃"，光吃不侃没劲，所以每次能叫上我就一定叫上我作陪。他酷爱点菜，而且总是热情有余，每次都剩下半桌，后来他每次点完菜，我就会去掉两个菜，他往往又会添上，说："吃不穷的！"

记得有一年北京通县（现为通州区）张家湾出了一块曹雪芹的墓碑，开论证会，他旗帜鲜明地表达自己的观点，说这块墓碑系伪造。回来以后他连夜写了文章，逐一指出破绽。可能是半夜知音难觅，他愣是电话把我叫去当听众。夜深人静之时，在他的办公室，他站着，让我坐着，他大声把他的文章为我一人朗读了一遍，铿锵有力，掷地有声。这是一个极为奇特的场景，像一场话剧，本应台下有一干观众观看，可惜只有我们两人，一个演，一个看。我偶尔发问，可能也不在要害上，可他却激情四射，如同讲演般地将稿子给我念了三遍，直至天亮。

过去古人形容知己就说高山流水，想一想都是情调；而我们在一间杂乱无章的办公室内，烟蒂一地，茶根儿水凉；一个人直抒胸臆，另一个人侧耳倾听；实际上有许多专业的地方我半懂不懂，但不妨碍我细心感受一个文人的江湖气。江湖客如有文人之气可称儒侠，文化人具有江湖之气会让人倍感珍贵。

对一个人的了解有深有浅，大事未必了解深，小事未必了解浅。那些年他刚开始做拍卖，我真没少跟他四处跑，大事小事今天想起来许多历历在目，细节总让人哑然失笑。他喜欢熬夜闲聊，东一句西一句的，你想早睡没门儿，每天都跟熬鹰一样熬着；但他有个本事，睡婴儿觉，随睡随醒，白天有时累了就说我去睡二十分钟，随便一歪就酣睡过去，二十分钟准醒，胡撸胡撸头发，洗把脸就又精神起来，这本事没人能跟他比。

　　秦公睡觉有个毛病，必须看报，严格地说必须看字，有字就成。再累再困不看字也睡不着觉。这毛病最让我记忆犹新的是两回，一回北京，一回重庆。北京那次是晚上加班将近凌晨两点，大家都困得不行了，他却张罗着吃夜宵。那年月夜里吃饭的地方少，我们从琉璃厂开车出来，一路奔北，到了西单路口附近，有一家亮着灯的餐馆，他叫车停在一旁，我们几个人下车走了进去。

　　去餐馆吃饭都是秦公点菜，他一点菜就多，吃不了，每次我都负责去掉两个菜，以免浪费，大家坐下后，秦公捋了捋头发，郑重其事地拿着菜单，我们坐下开着玩笑提神，秦公先说了一声："拍黄瓜。"然后就没了下文，服务员站在一旁，错愕地看着他，他居然呼呼入睡了，大家看着他手拿菜单酣然入睡的样子，哭笑不得。其中有一个朋友过去只听说秦公必须看字入睡，那天算是真正领教了。

　　另一次是在重庆。那次是个鉴定任务，头天晚上他把我叫到他的房间聊天，他喜欢熬夜，有事没事都熬夜，赶上我也能熬夜，就陪着他一起熬，熬到下半夜我也不说去睡，两个人脸对脸盘腿坐在床上，最后都不说话了，我看了看表，都三点多钟了，他终于说，该睡了，你去找张报纸。

　　我们住的是重庆人民大礼堂宾馆，这建筑当年也是西南地区最宏伟的建筑，古香古色。因为是老牌宾馆，服务老派，屋中没有报纸，我只好走到走廊尽头，到楼层服务台去找报纸。楼层服务台应有个服务员值班，但他偷偷睡了，我叫了半天才醒，问他有没有报纸，他居然说没有报纸；我说好好找找，旧报纸就行，睡眼惺忪的服务员打开矮柜搜了搜，拽出一张包着鞋的旧报纸，皱皱巴巴地递给我问："这个行吗？"我说行，比没有强。我把那张报纸使劲摩挲了一下，半皱不平地回了屋。

　　秦公侧身躺在床上，戴着花镜等着我，我说，旧报纸，凑合着看。说完递给他，他只嗯了一声，接过报纸，只一秒钟，盖在脸上就打起了呼噜。我惊讶报纸的法力，看着那张皱巴巴的报纸虚虚地掩在他脸上，心说这得是多少年养成的习惯啊！然后拿开报纸，替他摘下眼镜，关闭台灯，悄悄地溜出了房间。

　　秦公大我十二岁，同属羊。他走时仅五十七岁，转眼已经十年。我过去送别亲人都是长辈，在同辈好友中，他是先走的第一人，而且是在我面前倏然而去的，没交代半句话。十年前我正值壮年，不能接受兄弟之间不打招呼就瞬间阴阳两隔，许久缓不过来。

杜甫有诗：几时杯重把，昨夜月同行。年轻时读此诗只觉意象极美，技巧极高，倒戟而入；当朋友远去不归时再读此诗，不禁潸然，意象技巧均不再重要，而情感如漆似胶，无法割舍。人生要承受的东西很多，承受朋友永别，乃重中之重。原本山间小路，明月流水，一路欢歌，一路说笑；忽然只剩一人踽踽而行，其孤独使小路幽长明月清冷流水无声；我们对人生大多数时候感受平庸，只有当景况回天无术时，才知痛楚，才知人生有短有长，有欢愉有惆怅。

2010 年 5 月秦公十周年祭

富翁徐展堂

1941.12~2010.4

徐先生是荷里活道的常客，工作闲暇以逛古董店为乐。不喜欢收藏的人不知逛古董店之乐能有多乐；没逛过那时的荷里活道不知那时的古董店有多么嚣张。

我和徐展堂先生认识是因为收藏。当年徐先生是收藏界叱咤风云的大腕，出价时手很重。在二十世纪八十年代国人还不知收藏之乐趣时，香港拍卖场大都是日本人的天下，日本人想要的东西基本上没中国人插手的份。我那时年轻，人穷志短，只能对拍卖作壁上观。一次在与日本人竞拍一件瓷器时，徐先生的坚定使得价格扶摇直上，当最终价格突破千万而落槌时，满场掌声雷动，徐展堂先生因此获得"抗日英雄"的雅号。现在回顾这一幕我仍不免激动，只是徐先生已驾鹤西归。

徐先生年长我十四岁，我三十几岁时他已近五十岁了，初次见面我明显感到年龄差的压力；时值改革开放不久，国内与香港差距明显，我去香港住宿吃饭都要算计，徐先生却已是富甲一方的富翁、国际知名的大收藏家了。他不知怎么听说的我，托荷里活道的古董商约我见一面，在一个微风和煦的春天上午，我被朋友领进了徐先生在香港公

我与徐展堂　1997 年　北京

司的办公室，他一见我就笑逐颜开，顺手拍了我的肩膀，令我在紧张中放松。

接下来聊天，话题当然是中国文物。我是个能说的人，一开闸就滔滔不绝，拦都拦不住；那天很快就到午饭时分，徐先生告诉我已订好房间，设"便宴"招待我。那顿饭吃的什么我一丁点儿都回忆不起来，甚至连哪家餐厅都记不清楚了，只记得我们边走边说，上电梯，下台阶，在嘈杂的餐厅大堂中穿越，沉浸在知音难觅相见恨晚的快乐之中。

徐先生的背景我是后来慢慢了解的。他告诉我他早年在广州市高第街地摊上还买过清代的青花盘子，这一点让我惊奇。逛地摊我一直以为是我们这等平民的乐趣，谁知徐先生这样的富翁也在地摊捡漏。每个人的收藏无论起点高低，逛地摊都是个说不清楚的乐趣。其实人生多数时间是不需要高高在上的，居高临下不是人生一个好的态度。

态度往往能决定人生的取舍，取舍又能决定人生的走向。按说一个人成为富翁后很容易先晕一下子，多数人借此就晕下去，晕一辈子，可聪明人会很快从晕劲中清醒过来，知道自己下一步该做什么，财富究竟是个什么东西。

我与徐展堂　1997 年　北京

　　用上千万元买一件心爱的东西，这东西只能看不能用，惟文物而已。二十多年前，国内百废待兴，谁手头有点儿文物都急于变成现钱，香港的状况虽好点儿也好不到哪儿去。整个荷里活道家家户户都是古董店，都是从大陆淘换过来价值不菲的文物。那时的藏家个个都是大爷，店家们都是孙子，眼巴巴等待他们光临开张。

　　徐先生是荷里活道的常客，工作闲暇以逛古董店为乐。不喜欢收藏的人不知逛古董店之乐能有多乐；没逛过那时的荷里活道不知那时的古董店有多么嚣张。用目不暇给、琳琅满目描述当时香港古董店的盛况只嫌不足，决不会溢美。但客人大都来自欧美日本，亚洲像样的买家没见几人。全世界收藏界有个谜至今无解，欧美日本一流富翁无一例外都收藏，亚洲华人一流富翁无一例外都不收藏。徐先生自己说，他算不上一流富翁，因而收藏。我清楚地记着他对我说这话的语气，真是一切尽在不言中。

　　用几个亿的资金建立一份收藏，又把这份收藏向公众公开，表明徐先生的人生态度。徐展堂艺术馆的成立在世界收藏界算是大事，展品之精不仅显示了财力，还显示了主人的眼光。以专业论，徐先生算

［元］龙泉窑出筋荷叶大罐　徐展堂旧藏　观复博物馆藏

不上文物专家，但其收藏的专业地位毋庸置疑，这缘于他商界练就的观察力和判断力。那一段时间，资讯没今天发达，涌入香港的文物良莠不齐、鱼目混珠，鉴别对其收藏是第一道障碍。

对没有文物专业技能的人来说，依然有办法鉴定。古人说兼听则明，偏信则暗，完全彻底地讲清楚了一个道理。徐先生的判断只需对人，不需对物。一旦遇到他认为好的藏品，他定会招来各路神仙帮他断案。他把江湖上的高手、古董店的老板、博物馆的专家，都召至麾下，好吃好喝好待遇，为的是兼听。

以耳代眼是鉴定另一种境界，化被动为主动。人在江湖漂，谁都有软肋，谁也不可能刀枪不入。尤其在风险极高的古董界，古董不能开口说话，没有真假，只有新旧；今天很多的真都是历史上的假，宋朝仿汉，明朝仿宋，清朝仿明，国人今天与历史的思路差距不大，凭的是眼力，玩的是心跳。

在徐先生的办公室内他请我看一件梅瓶。他说争议这东西很大，让他困惑。有个德高望重的老专家看过，吭吭哧哧也没说出个所以然来。他说他不喜欢这种态度，真假先不论，人生不能是一团糨糊。听了他

［元］青花莲池鸳鸯纹执壶　徐展堂旧藏　观复博物馆藏

这番话，我显然不能再是"糨糊"，我认真看过后明确表态，这件瓷器不仅是乾隆官窑，而且是精品。我说出我的判断依据，一二三四五，徐先生当时重重地拍了我的肩膀，我知道这是他对我的认同，也是他不能自已的情怀。

往事如烟，断断续续。许多自以为记得很清楚的情节猛地一想却不敢肯定。对人生最无情的就是时间，一分一秒地积累，一分一秒地流逝，最终画上句号。我没机会与徐先生聊过这些，我觉得这类话题都应是年长者与年轻者聊，带着醒世恒言的意味。徐先生可能以为我们算是同龄人，虽有十几年的年龄差，相同爱好可以将其抹平。而在我看来，隔着一个"文化大革命"，隔着一个"一国两制"，我怎么与他也算两代人，中间有一道鸿沟，难以逾越。

那年在香港他亲自带我参观他的艺术馆，在香港老中国银行的顶层。在这样一个文化空间下，我脚走得慢，心跳得快。我是一个遇事极冷静的人，但一见文物就激情万丈，不知前世从哪修来的德行，连我自己都不清楚因为什么。我形容自己早年拥有文物时的感受是无法见诸文字的，永远在大爱的临界状态，一触即发，喷涌出无限欣慰。

芝加哥美术馆　徐展堂中国艺术馆

　　我和徐展堂先生描述过这些，他哈哈大笑，点头称是，他说钱在这个面前永远是渺小的，不是每个人都有过这样神奇的感受，说我不愧是文人。

　　那些年，我年轻，徐先生年壮，大家常有机会见面。后来，他入政界，工作忙了，我也为博物馆奔波，琐事缠身。大家虽各忙各的，但我常常想起他，有时候查资料翻书还能看见徐先生写给我的潇洒文字。他突然走了，我不知道他那些时候是否常想起我，心中多有感伤，后悔未能寻机多几次面叙。这让我知道人生不一定凡事永远有机会。

　　我不能确定和徐先生最后一次见面的时间，能确定的是在他北京的家中。那是一座四合院，离长安街很近，一走进房间，假山流水，绿植鲜花，与喧嚣城市立刻隔绝，如同世外桃源。徐先生设家宴款待我，没外人，能好好说话。与一位德高望重的长者随意聊天，应该算是人生难得的享受。共同的爱好使人生话题变得具体，传统文化又是一根强有力的纽带，让我们的聊天充满长幼之间的融洽。

　　记住一个人的方式很多，角度也可能不同。徐展堂先生流芳千古一定因为他挚爱的收藏。在世界各地——美国的芝加哥，加拿大的安

芝加哥美术馆

大略，英国的伦敦，澳大利亚的堪培拉，中国的香港、上海、南京等等，都有他出巨资建立的以他名字命名的展馆。一个出身贫穷的中国人，在自己的文化面前如此虔诚，对中国文物如此一往情深，只有与他深夜长聊过的人能够强烈感知。那一夜，是人生中很普通的一夜，清茶香气袅袅，假山流水潺潺，说的什么我已记不太清，可以记清的是徐展堂先生爽朗的大笑和手扶眼镜拭泪的神态，还有桌上那几件看着我们的文物。

2010 年 4 月 7 日

学者王世襄

1914.5~2009.11

王先生满嘴里净是土词，北京土话
按说我也知道不少，但他老人家的
土话加上行话，多少有点儿行业黑
话的意思。提笼架鸟，养鱼分虫，
正是他最大的乐儿。

二〇〇九年十一月二十八日，王世襄先生驾鹤西去，回归道山。虽知这一天早晚会来到，但看到朋友发来的短信噩耗，仍独自发呆，半天没愣过神来。

王世襄先生高寿九十五岁，他祖籍福建，说一口地道的北京话。一直到去世前几年，老爷子走到哪儿都爱拎着一个自己编织的提篮，任谁也看不出他是大学者，完全一副北京大爷的派头。

王先生出身望族，父母两系皆为权门。早些年社会还普遍不富裕的时候，他嘴里常常冒出让我听得瞠目结舌的话，他说读燕京大学（今北大）的时候，由于离家远，家里在学校旁为他租了个大院子，有中西厨子伺候，想吃中餐吃中餐，想吃西餐吃西餐。就这样，他还不好好读书，尽干养狗捉獾放鹰逮猫（兔子）之事了。所以他特瞧不上满

我与王世襄　1992 年　北京

街流行骑摩托车的小年轻，一见街上风驰电掣呼啸而过的摩托就说，这比骑马架鹰可土多了。

我和王先生认识是因为明式家具。那时王先生还住在北京东城区芳嘉园胡同一座深宅大院内，可惜此院今已不存，拆光盖了高楼。要不然可以建个名人故居，让喜欢明式家具的人有个凭吊之处，看看这位大家当年的生活状态。

那座大院是王家的祖产，可以隐约看出王家当年的风光。我第一次踏进王家大院是一个晚上，深一脚浅一脚的，摸着黑如同盲人。王先生住在内院尽东头的三间，其他房间均已被外人所占，自己住的这几间，房矮屋深，还有些潮湿阴冷。王先生披着一件棉袄，笑容可掬，让我坐在他那些名贵的明式家具上。我那时年轻，刚刚着迷古家具，没个深浅，这摸摸那弄弄的，也不知王先生心里是否烦我。

已入藏上海博物馆那批王先生收藏的著名明式家具，现在每天都有数以千计的人参观欣赏；殊不知这些宝贝当年在王先生家是一副窘状。一腿三牙的黄花梨方桌用于切菜揉面，王先生在上面为自己也为客人曾做过多少次菜，无人可知。我清晰记得王先生为我炒菜起锅时

[明] 黄花梨一腿三牙方桌　王世襄旧藏　上海博物馆藏

的锅勺叮当作响，菜未入口已令人直咽涎水。王先生是美食家，名副其实，不仅懂吃还亲自下厨，并撰文评比美食的优劣。最逗的是，有一次一家美国大公司在王府饭店宴请王先生，他老人家自己在家先炒一菜，装入广口罐头瓶内，拎着去赴宴，一路上对我说，王府饭店的厨子不行，让他们尝尝我的手艺。那天在餐桌上，当王先生将自己炒的肉丝菠菜装入盘中，满桌嘉宾鼓掌，啧啧称赞。我觉得客人只是出于礼貌，尤其美国人本来就爱赞美人，但王先生却认真地说，刚出锅时比这还好吃，这会儿菜塌秧了。

每次和王先生吃饭都能听到王先生关于吃的掌故，大多边吃边听边忘，没记住几个。有时在乡下，吃农民做的饭食，王先生总是说好吃；实在不好吃时要上几份作料，自己调制一下，顿时香气扑鼻。有一年陪王先生去山西闲逛，说闲逛还是有点儿目的，那时山西刚刚刮起收藏古董之风，当地并没人收藏，来的都是远道的和尚。山西人有贸易经商传统，当地农村许多人都以此为生，四处搜罗，就地变钱。我记得在平遥县的一个村里，过一条小河一样的干沟，我到跟前犹豫了一下，王先生却健步如飞，四十五度陡坡一下一上，让小王先生四十多岁的我汗颜不已。

那次，在一个农民家中，我拽了拽王先生的衣角，示意王先生看炕头上那本被农民翻得脏兮兮的大书——《明式家具珍赏》。王先生无动于衷，两眼直勾勾地看着一对乌木南官帽椅，悄悄和我耳语："少见！"奇怪的是那家人一老一少，老头儿卧床不起，干咳不停，问他话时没一句礼貌回答；少妇忙于做饭，刷锅点火，屋内狼烟四起。我们只好悻悻离去。出了门我安慰王先生说："您那本书是全村最贵的书。"王先生却说："这对乌木椅早年如看见的话就可入书。"

我想，那家农民至死也不会知道明式家具泰斗王世襄先生曾光临过他家，他们更想象不到他们倒腾古董赖以生存的皇皇巨著的作者竟是一个貌不惊人的老者，还没啥脾气。

说王先生没脾气是他的脾气不显山水，王先生其实挺拧的。我们去的那个村叫后郭，家家户户都以倒腾古董为生，不必敲门，推门就是客人。记得有一家大门紧闭，犬吠如雷，王先生非要进去看看。我说不行，实际上一怕狗咬了王先生二怕咬了我自己，可王先生从小养狗惯了，丁点儿不怕，非要进门瞅瞅，拉都拉不住。他对我说，过去有坐狗的，就不怕这类瞎叫的狗。我当时还纳闷什么叫"坐狗的"，后来才知道是指偷狗为生的人。旧社会有偷狗为生的人，他们不惧恶犬，身怀绝技，可以迅速将狂吠的恶犬制服，一声不吭地围在腰上，右头左尾，身上再披一大氅，外人不注意都看不出来。由于犬重围腰，遇人或累了就坐下休息以避嫌疑，久而久之，这类偷狗者被雅称"坐狗的"。

王先生满嘴里净是土词，北京土话按说我也知道不少，但他老人家的土话加上行话，多少有点儿行业黑话的意思。提笼架鸟，养鱼分虫，正是他最大的乐儿。有一次去王先生家里，正值冬天，天黑风紧，屋中虽有炉火，仍得穿棉衣棉裤。看得出来，王先生见下一代人很亲，尤其能聊点儿嘎杂子事的，他都喜欢。聊着聊着忽听见他屋中有蟋蟀串鸣，透着一股野趣的亲切。循声望去，火炉边一窝两排穿着棉衣的葫芦，煞为有趣。虽已夜深人静，王先生依旧兴致勃勃将所养鸣虫一一展示：这叫油葫芦，那是蛐蛐，叫起来高低尖团，睡觉不寂寞。完全一副孩童模样。

这时的王先生已是七十多岁的高龄了，我那时将将三十岁，按旧时辈分，大我四十岁以上可以按祖父论了，因此不论我多能熬夜，一看十点已过，便起身告退，王先生有时还意犹未尽，多有挽留。

历史翻篇儿太快，回忆起来都是二十多年前的事情了。当年由于酷爱古家具，结识了王先生，但见面聊的净是家长里短的平常事，聊专业都是一句半句的，全靠心领神会。那些日子，王先生给我的感觉是文物伤着他了，少说为佳。他家一进门的墙上贴着他用毛笔写的告示：按上级指示，不给来人鉴定，免开尊口云云。我每次坐定都心里仔细念一遍，顺便欣赏他老人家的书法。

王先生的字写得很好，功底很深，学的赵孟頫。我带过几个朋友求他的字，他都欣然提笔，但我却没好意思要，原因是求字显得生分。王先生的大作《明式家具研究》出版后，我求书于王先生，王先生提笔在扉页写下：未都先生有道雅鉴。行文亲切，毫无学者的架子，我当时惶恐至极，今日睹之，心中仍感慨无限。

我早年与王先生熟，从未想过能拥有他的藏品。他的许多藏品我都在他家不止一次地欣赏过。记得"犀皮漆"这一专业术语就是听他老人家讲的。王先生有一个明代犀皮漆捧盒，他每次拿出来让我看都是一副爱不释手的样子，当时我连摸的勇气都没有。王先生告诉我，这个圆盒收入到《中国古代漆器》《中国美术全集》等著作中了，非常难得一见，一副炫耀的表情。二〇〇三年，王世襄先生的藏品《俪松居长物》专拍，我恭敬地将其买下收藏，至今在观复博物馆展出，算是对王先生有个念想。

　　睹物思人。王世襄先生已经作古，留给大众的是他等身的著作和他散落在博物馆和私人手中的藏品。我再一次感到在文物面前，我们都是匆匆过客，只能拥有一段美好的时光。宝物和人总是聚聚散散的，古人说过：水浮万物，玉石留止。水就是时间，我们算是漂浮其上的万物；玉石那就是文物了，有着人类不具备的沉稳，有着人类羡慕的光泽。

2009 年 11 月 29 日夜

[明] 犀皮漆捧盒　王世襄旧藏　观复博物馆藏

· 外一篇

王老世襄先生以九十五岁高龄悄然谢世，至今已匆匆过去五年。他老人家的百岁冥寿小辈后人多有祭奠，慎终追远，光前裕后。三十年前冷僻的明式家具如今已充盈大江南北，各类媒体津津乐道的紫檀黄花梨，当年在王老眼中的孤独一去不返。王老若九泉有知，他会说什么呢？

认识王老时我大概二十八九岁，是张德祥先生带我去的。王老一口一个祥子地叫他，让我脑海里老是闪现骆驼祥子。那时老舍的《骆驼祥子》正火，焕发着第二次青春。王老嘻嘻哈哈地没一点学者的架子，让我放松不少。

我与王老年差四十一岁，理论上可以称他为祖父辈。可他的随和让我们之间的年龄差距迅速缩小，我有时甚至会忘乎所以。王老那时还住在北京东城的芳嘉园胡同，当时的胡同里没小汽车，一辆没有，连自行车也没有人舍得放在街上。胡同虽窄但显得挺宽，干干净净的，我们骑车出入也方便惬意。每次去王老家都无目的，仔细想想也算都有目的，就是借机看看摸摸王老收藏的明式家具。

这些家具现在大部分都在上海博物馆常年展出，当年就在王老家中随意使用。他的椅子我都试坐过，至今还记得坐上去的忐忑和得意。还有他那张一腿三牙的黄花梨方桌，每次在上面切菜时发出的声响老让我不放心地凑上前去摸摸。王老说："垫着呢，没事，能用是它的福分，也比改做了胡琴杆算盘珠子强，不知道可惜东西。"

说实在的，当时我真不知王老说的指谁呢，也不大敢插嘴去问。后来才知道上世纪六七十年代，红木家具许多都被改做乐琴和算盘了。我们平时话题也就做菜养虫什么的。王老的学问是做出来的，从不去说，也不炫耀，如你上午去找他，他一定在伏案，不是看书就是写书，反正没见他老人家闲过。他愿意晚上聊天，白天好像显得话少。可能是人过七十有紧迫之感，我不足三十，岁月可以肆意挥霍，所以常常迟钝。

记得王老某天晚上捧着一本书突然和我说了一句话，这话困惑了我许久。他说："你那日子是按年过的，我的日子是按天过的。"一开始我不解其意，后来渐渐地明白了王老讲的是他老了，要珍惜时光。的确，年轻时肆意挥霍的除了精力就是时间了，闲来无事，浪费几天时间乃家常便饭，但年过半百之后，人就会产生紧迫感，许多事情想做，不知未来有没有时间完成了。王老说这话时已年过七十，古稀之年在中国传统文化上已是年届老年最重要的节点，所以王老忧心忡忡并非无道理。

因为王老讲过这话，每次在聊天时我就不停地看表，一到十点，马上起身告辞。那时候，王老只在业内有名，古家具基本无人收藏，北京市的旧货商店各类古家具堆得到处都是，便宜得令人咋舌。没有收藏市场自然没人关心王老，王老和老伴在家常常整月也没客人。我早年去他家时，很少碰见客人，后来家具收藏热起来后，拎着礼物衣着光鲜的客人络绎不绝。人情这个东西很怪，大多数都与钱直接或间接发生关系。

我和王老算忘年交吧，那时我好歹也忝列文化人，在出版社工作总能让人高看一眼。我在文化系统里算不规矩的，东跑西颠，呼朋唤友，上九流下九流皆有朋友。这一点可能与王老有相似点，他就喜欢与我东扯西拉，聊晚了我一告辞，他就设法留住我，找出一件古董给我看，他知道我一见古董就迈不开步，所以老用东西拽住我。

一次都十点多了，他见我有走的意思，马上起身去大柜里翻腾，说给你看件好东西。他从大柜深处掏出一个包袱皮裹着的锦匣，光看包袱皮就知里面是好东西。过去古董特讲究包装，好东西甚至是三五层包装，以示珍贵。王老小心翼翼地打开包袱皮，里面是个楠木匣，打开楠木匣，又掏出个锦盒，宋锦面，象牙别子，王老捧到我跟前，打开锦盒一愣，里面空空如也，浅驼色的软囊中留有一个深碗的形状。王老什么也没说，又把锦盒盖上，塞入木匣，再草草包好，送回大柜里；然后换了件东西给我看。王老不说话，我也没敢问缘由。由于那天前戏太足，以致我都不记得后来看的是什么东西。

这事在我心里坐下病了，那些日子上班老想着这锦盒里究竟放过什么，为什么是空的呢？大概隔了个把月，我又去王老家，心想什么都不重要，一定要问问王老那锦盒为啥空的？

那天无论聊到哪里，我都把话头往古董上拽，想方设法地问及包装。最后聊到高兴时，鼓起勇气问王老说，上次看见的那件锦盒为什么是

空的呢？王老看了我一眼，迟疑了一下说，东西卖了，我给忘了。在
过去的文化中，文人卖东西是个耻辱，我收藏头二十年一件东西没卖过，
觉得卖东西换钱是文人之羞，正是这种好面子救了我，所以我的收藏
全是原始股，等开窍时早已身价百倍。

东西卖了，为什么锦盒还在？我觉得有故事，刨根问底又问王老。
王老看着我一副不开窍的样子，意味深长地告诉我一个道理：搭上盒
子不多卖钱。我听王老这话算不上醍醐灌顶，也是茅塞顿开；过去几
十年的穷苦日子，让年长我们一辈或两辈的人特别节省，现在的人看
来都节省得吝啬。王老的小气在熟人之间有点名气，他虽小气，但知
往来。比如谁帮他老人家做个事，他无以回报时就写幅字或送本书将
此事了结，不留后遗症，这样来寻求心理的平衡。

这留下的锦盒包装如果那时到琉璃厂定做，连工带料也得百八十
块，今天得上千元了。可留下旧锦盒又有什么用呢？那年月真是没大用，
放个新东西看着就别扭。可这些年作伪上来了，许多古玩商人寻求旧
锦盒，旧瓶装新酒，以赝充正，牟取暴利。王老是不知，当年小气留
下的那一套宫廷包装，今天卖上万不成问题。

《明式家具研究》签名本

　　王老出身豪门，在那个年代算不得好事。父为外交家，母为画家，幼年时家境富裕，王老从小就享受很好的物质生活。这种早年的豪门生活在他的言谈话语中时时流露，他看不上改革开放后发迹的土豪们，常常嗤之以鼻，说出一些猛一听有点儿酸的话来。比如三十年前在北京骑摩托车特时髦，每当闪过一辆时，隆隆声未过，王老一定说："早年有钱人都骑马，骑这个算什么！"

　　王老的皇皇巨著《明式家具珍赏》《明式家具研究》倾注了半生精力，出版后我让他老人家签名留念，王老用毛笔认真写道：未都先生有道清鉴。另一本写：未都先生有道雅鉴。说实在的，我那时算有什么道，知道点儿皮毛而已；但王老襟怀宽阔，虚怀若谷，把小辈惊着了。

　　睹物思人。按说王老九十五高龄谢世已是吉祥，但小辈仍难免伤感。他人生的最后几年我未去看过他，心中惴惴不安。我记得有一次我从王老家告别，袁荃猷师母拽着我说："畅安都这么大岁数了，这些东西怎么处理才是个好。我们得想后事了。"我当时说的什么记不太清了，只是觉得宝物聚聚散散，古人的感慨是有道理的。人老了，社交能力下降，控制能力下降，判断能力下降，坏人就会乘虚而入，就会

《明式家具珍赏》签名本

围着财产心怀鬼胎。对于王老有形无形的资产，觊觎者多着呢。于是我想，我一定要把自己的东西趁明白时全部捐掉，晚年清清爽爽地度过，这大概就是王老用一生给我的启示。

冬日阳光洒在王老小屋的紫檀大案上，一盆水仙，飘着时有时无的暗香；范制匏器中传出蝈蝈欢快的叫声；稿纸上呈现红蓝笔改动过的纷乱画面；王老人走了，这画面和声响却留在了我的记忆之中，可惜有许多心里话忘了问王老了，剪不断，理还乱，是离愁，别是一般滋味在心头。

2014 年 4 月 11 日夜王世襄先生五周年祭

2021 年 3 月 21 日补记

时尚人吴泓

1963.7~2009.8

吴泓先生给我的印象是不善言辞，多数时候少言寡语，不像我这样有说话欲的人，常常别人摁不住地喋喋不休。我真想象不出时尚传媒集团这么一大摊子竟会是这样一位寡言的领导者。

看视频，听故事

　　我与吴泓先生不算太熟，见面聊天大都在社交场合，说的都是些客套话。有一次因为什么事去了他不算宽大的办公室，聊得较久，明显感觉到他是个严谨的人。临走时我问了问墙上挂的字，他不好意思地说是自己写的，写得不好云云。当时我心里多少有些诧异，看不出吴泓先生还这么内秀。

　　吴泓先生给我的印象是不善言辞，多数时候少言寡语，不像我这样有说话欲的人，常常别人摁不住地喋喋不休。我真想象不出时尚传媒集团这么一大摊子竟会是这样一位寡言的领导者。我每年都要参加好几次时尚集团各类活动，偶尔也能聆听作为总裁的吴泓先生的致辞，他永远是一句顶一万句，少说为佳，不给别人过多地留下想象空间，显得神秘。

吴泓　2005年　北京

时尚传媒集团高峰期有十六本豪华杂志，可它最初就是靠一本高档生活消费杂志起家的。说高档杂志，那是在一九九三年，今天来看《创刊号》会觉得土得要命，可就是这本土得要命的《时尚》，二十年后衍生成庞大的时尚传媒集团，《时尚先生》《时尚芭莎》《时尚家居》《时尚健康》《男人装》《罗博报告》等等，在吴泓当主编的日子，时尚杂志每年广告过十数亿，世界大牌蜂拥而至。每当新刊出版时，封面人物立刻就身份倍增，成为时尚之星。

吴泓学的是中文专业，曾就读南京大学中文系。二十世纪八十年代初，读中文系是莘莘学子最时髦也是竞争最激烈的专业，不像今天人们会功利一些选择应用科学。我们这代人视中文系为文科之首，因为中文是中华民族的文化基因。能考上中文系的都是人中龙凤，马中赤兔。毕业后，他被分配到《中国旅游报》当记者。每个人无论最后如何辉煌，刚开始都是脚踏实地工作，一步一个脚印；在《中国旅游报》吴泓与刘江、张波三人请缨拿下《中国旅游报》月末彩色版。报纸由黑白向彩色过渡是那个年代质的飞跃。正是彩色的周末版，让美国国际数据集团（IDG）亚洲总裁熊晓鸽看上了，结果与吴泓一拍即合，注入资金，开始了时尚传媒集团的创业。

吴泓年轻时透着南方人的精明与稳重，做事一丝不苟，不咋呼也不冒进，稳扎稳打，步步为营。直到一九九三年四月二十日，国家旅游局接到新闻出版总署的批文，准许发行《时尚》杂志。报社将东单西裱褙胡同的一个仓库小院腾空，成为杂志的办公地点，吴泓担任主编，率团队迈出艰苦创业的第一步。

那座小院我去过，不大，但很温馨。北京早年许多单位就在平房中，有个小院已是最好的办公环境了。我二十几岁去中国青年出版社报到的时候，出版社西边是民国小洋楼，东边就是一座大王爷府，人文气息深厚，和出版社的气质吻合；可惜在九十年代改革开放上升期，稀里糊涂将两座具有时代特征的建筑都拆了，盖了一大座别提多难看的大板楼，想想都心疼。

所以我去北京哪座小院都有亲切之感，不管多破旧多窄仄，我也愿意在此逗留聊天，体会今天写字楼里没有的烟火气。那次与吴泓见面是什么事由忘了，瞎聊几句，也没有私事或公务，日子就没有痕迹地过去了。之所以还记得那次擦肩而过，是因为吴泓的大鼻子，他的鼻子可以用悬胆描述。古人认为男人鼻子要饱满，如悬挂的猪胆，特点是鼻头丰隆圆满，山根要窄，看面相的最喜欢这种鼻子，乃富贵之相，

往往大器晚成。因为我早年读《红楼梦》时，有关贾宝玉的描写就是"鼻
如悬胆，睛若秋波"，小时候一直纳闷悬胆之鼻究竟什么样子，直到看
见吴泓才有了直观印象。尤其吴泓浓眉大眼，笑起来还有俩酒窝，那
悬胆之鼻被衬得十分醒目。

日子过得快，改革开放的日子每天都有催着你前行的事。吴泓先
生他忙他的，杂志日渐起色；我忙我的，那年月也正是我告别出版社
下海的日子，互相交集并不多，也没有什么业务往来。我只是在每月
的日子里不断地收到各类时尚杂志，与吴泓手下的许多干将熟络，偶
尔喝喝酒、吹吹牛。

去年年底的时候，吴泓先生突然打电话给我，问我春天的时候能
不能抽出一周时间，他请我去英国休息一下。我开始以为有众多人参加，
还有些顾虑，可他告诉我就我们两个人，路上好好聊聊。这让我欣欣然。
可今年五月一日起程之前，他突然给我发来短信，告诉我他身体不适，
不能与我同行了，但已安排好助手陪我前往。说实在的，我心中有些
遗憾。大家都忙，以忙为乐，说是去英国休息，其实在路上也还得捎
带着谈谈工作。吴泓先生对我说，看看时尚集团与观复博物馆有没有
合作的机会，时尚是年轻的古典，古典是永远的时尚。

吴泓　1994 年　北京

今天下午，吴泓先生的助手给我发来短信："吴泓先生离开我们西去了……"只一行字，让我半天愣不过神来。

吴泓先生勤勉为人，有目共睹。他约我去休息几日，想必他也是心有太累。一个领导者，慈心常悬，事无巨细，"百忧感其心，万事劳其形"。苦中有乐，乐中有苦，只是吴泓先生没机会再享受这苦与乐，与我们天各一方。

清晨七时，闹钟准时响了，我还在梦境的山山水水之中。定了一下神，才明白要去参加吴泓的告别仪式，挑选了一件黑上衣，下楼上车。

车一路西行，去八宝山。八宝山被选为告别之地实属巧合。小时候瞻仰革命先烈，给我的印象都是苍松翠柏、肃穆庄重。八宝，按佛家说法为佛之八宝：法轮、法螺、宝伞、法幢、莲花、宝瓶、双鱼、盘长。为佛前供器，寓意吉祥。为逝者送行，此地为最佳。

我随队伍缓步前行，手持白菊，为吴泓先生深深三鞠躬。这些年，没少去八宝山，但都为年长于我的先行者送行，可吴泓比我小八岁，

創新保持領先
激情融入團隊
學習永不停止

时尚精神兴刘江关勉

戊子年夏日吴泓书于京

吴泓书法

英年早逝，令人扼腕叹息。

吴泓夫人见我恸哭，告诉我，吴泓病中多次想与我聊天，但怕我太忙打扰我，因而未成。我握住吴夫人的手，左手抚其肩，长久不语。我能说什么呢？人生有长短，对自己重要，对亲人格外重要；但对人类，对这星球并不重要。我们来到这个星球，只是上苍给我们做事的机会，好事、坏事、不好不坏之事，全由个人决定。一个人做点儿好事就有人怀念他，纪念他，为他送行。今天上千人为吴泓送行，场面感人。

欧阳修说：生而为英，死而为灵。送给吴泓，慰藉在天之灵。

为朋友写悼文总是心绪如麻，记忆也断断续续的。少时读刘禹锡"世上空惊故人少，集中惟觉祭文多"之句总是没有感觉，谁知人一过知天命之年，遇此事一定"心曲千万端，悲来却难说"，难说也得说啊，为归去的朋友，也为在途的过客。

2009 年 8 月 21 日

2021 年 3 月 21 日补记

仙者徐邦达

1911.7~2012.2

徐老的长寿因为他人瘦心清，一生任凭天塌下来也不挡吃喝，不挡睡觉，不挡研究书画。这些年看不见徐老露面了，知道的是：他的书画大展，成就斐然；专著面世，春华秋实。

徐邦达先生生于清朝最末一年，属猪。第二年就民国了，他算是沾了清朝气的民国人。解放后徐先生一直就在故宫博物院工作，任凭窗外暴风骤雨，他老人家充耳不闻，一心扑在古书画上，几十年来成就非凡，高山仰止。

我知道徐老的时候他并不了解有我这个人的存在。我那时已在中国青年出版社任编辑，编辑部在北京东四十二条，胡同西口有个那时很有名的老字号，叫森隆饭庄，里面有几道拿手菜。油焖大虾、冬菜鸭子，我只记住了这两道菜。原因是徐老每次点菜都点油焖大虾，我每次点到头只敢点冬菜鸭子。那年月，敢吃大对虾可不是一般人，这道菜贵得一周卖不出几回，我三十岁前只吃过有数的两回。那道油焖大虾至今想起来还是口涎四溢，满目朝霞。森隆饭庄有个英俊小生叫林子，特有眼力见儿，见什么人说什么话，爱闲聊，他干服务员屈才

徐邦达　2001 年　北京

了，赶上我也是个不把生人聊成熟人不算完的，与他很快就熟了。林子告诉我，那个回回吃大虾的老头子叫徐邦达，故宫博物院的书画大专家，从小就有钱，一礼拜来吃一回。

这是我第一次知道徐老，实际上当时印象也模模糊糊的。尽管我喜欢收藏，但属于小打小闹，与徐老这种级别的文物泰斗相距甚远。很久以后我才认识了徐老夫人滕芳阿姨，滕阿姨话剧演员出身，嗓门大，一句话能穿透三间房，自来熟，笑声永远比说话声大。后来我和她说起这段历史，滕阿姨说，他有钱？他才不管钱呢，他只管吃。当年徐老就住在东四十条，吃森隆饭庄的油焖大虾是他的保留节目，每次节目上演时滕阿姨就幸福地陪着他吃。

其实我和滕芳阿姨更熟悉一些。滕阿姨是大连人，小时候家中特穷，穷到吃不上饭，十六岁就去工厂上班，因为形象好，尤其嗓门大，又有天赋，遂阴错阳差地考入了中国煤矿文工团，当上了一名话剧演员，进了北京。由于在北京生活久了，她完全成了老北京，不说出自己的历史谁看都是老北京人，张嘴京腔京韵，伸手一招一式，看着就有艺术范儿，加之又经过专业的舞台训练，生活中亦有演员的风范；只要滕芳阿姨在，她一定是中心，说笑都是戏。

徐邦达与滕芳　1997 年

当年，徐老经常去看滕芳阿姨的演出，慢慢地喜欢上滕阿姨。那一年徐老已经六十多岁了，可滕阿姨才四十岁，风华正茂。和徐老确立恋爱关系后，滕阿姨就一心一意地服侍徐老，退出了演艺生涯，告别了心爱的舞台。所有认识徐老和滕阿姨的人都说，徐老的晚年之所以幸福，完全是因为有了滕芳阿姨。照顾徐老起居，事无巨细，无微不至；徐老长寿过百，滕芳阿姨功不可没。

有意思的是，尽管徐邦达先生解放前出身豪门，家境优越，但与滕芳阿姨结婚时收入还不及滕芳阿姨。滕阿姨自己说，他只拿那份死工资，我还可以拍拍电影电视剧，每每还有许多额外收入；在艰苦岁月中，滕阿姨一直支持徐邦达收藏字画。今天想想，这不能算有眼光，还是算人生缘分。滕阿姨说，徐邦达就是一个纯粹的人，一辈子只关心一件事，就是他的书画艺术，无论是鉴定还是自己画自己写，他对这门艺术的爱发自内心，没有一丝杂念；他能活一百岁，就是因为脱离了低级趣味。所以徐老一生快乐，心无烦忧。

渐渐地，我了解了徐老，知道了他的专业成就。号称徐半尺，意思是古画打开半尺即知真假。徐老能写会画，鉴定古代书画天下

徐邦达（中）傅熹年（右）刘九庵（左）鉴定中　1999 年　北京

第一。鉴定书画，大凡能写能画的人都技高一筹。徐老就是这样，记忆力非凡，经历非凡，说起故事条理清晰，不紧不慢，让人听得有滋有味。每次见到徐老，滕阿姨都在，无微不至。一次给徐老祝寿，九十大寿，高朋满座。我到的早些，滕阿姨大大咧咧拍着徐老的肩膀对我说，看看我们这个瘦肉型的猪。江湖游走，我本没有接不住的话，但滕阿姨那天的这句话让我这个小辈确实接不上了，所以印象深刻。徐老体重不足百斤，滕阿姨富贵丰腴，站在一起迎宾，让人知道什么是和谐，什么是幸福。徐老仙风道骨，中式丝绸白衣，头发一丝不乱，不苟言笑，对每个来宾都打招呼，不分老幼。

徐老的长寿因为他人瘦心清，一生任凭天塌下来也不挡吃喝，不挡睡觉，不挡研究书画。这些年看不见徐老露面了，知道的是：他的书画大展，成就斐然；专著面世，春华秋实。人活一生，终有百年，徐老仙逝虽早有预料，但消息到来之时还是觉得愕然，怅然若失。过去我只听说过没见过仙风道骨，直到遇见徐老才有确切的感受。徐老飘飘成仙，一定是一袭白衣，骑鹤周游。道山有道山的美妙，想必人生过百的徐老比我们体会真切，让小辈们望尘莫及。

2012 年 2 月 23 日夜

可能路东之

1962.10~2011.10

东之表面平和，内心却桀骜不驯。
自恃才高八斗，故常对世界嗤之以
鼻。他自幼习书法，喜篆刻，长于
诗文，二十几岁时已如唐宋老翁，
逢年过节，或遇感慨，他必作诗发
与友人，自称路子。

少安兄久未联系，突然来电，劈头就告知东之去世噩耗，我一阵心悸，匆匆挂掉电话。人到中年，朋友之间没有消息就是好消息，有了消息往往多是坏消息。人生过半，虽说信息沟通便利了许多，但还不如年轻时腿脚勤快，那时朋友想见，往往不做沟通就骑车前往，遇上就海阔天空，撞锁就骂两句。

我与路东之相识于一九八四年，那一年我就职的《青年文学》受团中央的委托，为次年的国际青年年征文，题目是《我们这一代年轻人》。那时正是文学的鼎盛时期，全国各地的投稿每天都以麻袋计，我们要在这堆积如山的稿件中筛选，东之的《鲁桓世界》脱颖而出，为征文三个一等奖之一，那一年，东之二十二岁，我二十九岁。

东之表面平和，内心却桀骜不驯。自恃才高八斗，故常对世界嗤

路东之　2000 年　北京

之以鼻。他自幼习书法，喜篆刻，长于诗文，二十几岁时已如唐宋老翁，逢年过节，或遇感慨，他必作诗发与友人，自称路子。东之的诗我是极爱读的，真实不虚，拳拳之心火热，殷殷之情染人。正是这个路子，让人忆起他时却净是迂腐之举，记得二十年前，他在我家一坐便是深夜，对窄仄空间浑然不觉，任凭犬子酣睡，妻子呵欠连天。一次深夜过半，我提醒他说"天要下雨了"，委婉逐客，东之却以嫣然一笑对之，然后继续叨叨他心中的梦。

东之心中有一个梦，叫做"可能"，他用"可能"解释着他自己的行为，我和他在十五年前一同获准建立私人博物馆，一拨四人，只有我俩坚持至今。东之由于喜爱书法篆刻的缘故，他的古陶文明博物馆多是瓦当、封泥、甲骨碑拓之类高古文物，这些能让他如痴如醉，但却让多数观众如雾如云，但他却热爱这份孤独，忍受长久的寂寞。这一现状，正应了他早年矫情的诗句：有一种苦难是选择。

东之说，我将在我的博物馆里把我的精神领域的一切发挥到极致，从而实现我的"可能"境界。他说他将来要成立"可能基金会"，成立"可能研究所"，他送我的作品集可能更能说明他的理想，书名叫做《可能——一个孤独者的诗歌远行》。

我与路东之、陈浩增　1998年　北京

东之不打招呼匆匆走了，朋友们再也看不到他的新诗了，一个内心充满激情的诗人总是让别人揪心。我竭力回忆着与东之的最后一面，在一个清冷的小拍预展上，我们不期而遇，那天大家都行色匆匆，但我们仍坐下聊了一会儿，喝了一杯白水。东之尽管与我很熟，尽管才华横溢，但他每次见面总会闪现他惯有的羞涩，他只看你第一眼，第二眼就看着远方，没有远方也看着远方，几句清晰的表达中一定会夹着一句含混的自语。人生不知身后事啊，如我知他今天就匆匆远行，一定拉上他吃个饭，喝个酒，道个别。

东之英年早逝，差一岁才到半百。我以为我有与他的合影，在家中翻了半天却没找到，找到的都是多人的合影；这让我呆坐了许久，人生就是这样，朋友之间再熟也要珍惜，随手拍个照可能就是终生的留念。

东之西行，一路珍重！

2011 年 10 月 25 日夜

我与路东之、王朔　1995 年　杭州

[新石器时代] 弦纹组合弧带纹双耳壶　古陶文明博物馆藏

哲人史铁生

1951.1~2010.12

死亡与苦难让史铁生在作家中成为一个哲人。世事纷杂，充斥诱惑，而他三十年的作家生涯却一个十年比一个十年更为精彩。他未变，时代变了；时代变了，他未变，因而凸显一个灵魂的价值。

看视频，听故事

知道作家史铁生先生去世的消息迟了，说明我离文学界远了。可这仍让我在桌前愣了许久，当时耳边响起一支歌——《我的遥远的清平湾》。这是一篇小说，也是史铁生的成名作，我记得发表在一九八二年我供职的《青年文学》上，回首一算已近三十年矣。

当年读过《我的遥远的清平湾》的读者今天至少都应该五十岁以上了，这篇小说在当时文坛上影响很大，作者把艰苦的农村插队生活写得如诗如画，充满了情感。一个身体残疾的作家能有这样的文笔与心态，让我们编辑非常震惊。

这篇小说的责任编辑叫牛志强，自打我离开编辑部再也没遇见过他。牛志强先生是当时我们《青年文学》"文革"前大学生中最年轻的，所以大家都叫他小牛。记得有一天，他兴冲冲对我说，抓到了一

史铁生　1970 年代

篇好稿子，上头条，让我抽空先看看。按当时文学期刊的地位，在《青年文学》上头条跟今天大片票房过三亿似的，让人兴奋加得意。我们那时在编辑部都称老陈老赵小牛小马的，没人称官称，也没人称老师，这类虚头巴脑称谓的毛病都是这些年慢慢添的。

一天中午在食堂，牛志强大呼小叫地喊我，我看见他推着轮椅，轮椅上坐着一脸笑容的史铁生，我赶忙过去寒暄。面对史铁生这样的残障人，我总不知如何说话是好，话轻了，显得麻木；话重了，怕有闪失；不轻不重又拿捏不好，只好以笑对笑，偏过头去跟牛志强打岔。

我那时年轻，刚到编辑部也不久，以我当时的人生经验，残障人中弱者都是一脸苦难，而强者又总是一副深沉的样子。可史铁生不是这样，其笑容灿烂至今仍清晰定格在我的脑海中，挥之不去。他丝毫没有怨天尤人的迹象，言谈举止平和。那天编辑部留他在食堂吃饭，添了俩菜，我们编辑部能围过来的人都围过来了，挤得桌子上都伸不开筷子。

后来史铁生因这篇小说不仅被文坛关注，还让许多读者关注。他下乡时的不幸致使下肢瘫痪，使他的作品比平常人多了一层思考。这

史铁生　1980 年代　北京

层思考，与我们那个时代常常教育的身残志坚不同，更多的是有关生命的含义。

　　我和史铁生先生并不熟，那时编辑部对作家都是责任编辑制。牛志强是史铁生的责任编辑，他一提起史铁生就兴奋得像孩子的保姆，笑声成串，永远说不尽各类相关的话题。记得他有一次带我去史铁生地坛旁边的家，房间拥挤不堪，轮椅出入还需要人抬，十分不便，史铁生坐在轮椅上总是仰着头看我们，这让我揪心并尽快坐了下来。临近饭口，史铁生非要留我们在家吃饭，那时还不兴去餐馆，我们再三推辞才走出他那间低矮的小屋。我当时感受多多，只是今天反倒说不出什么了。再后来我离开了《青年文学》，再想看史铁生只好看他的作品了。二十世纪八十年代，作家和作协到处都充盈着神圣感，出门一说是作家会让人肃然起敬。那时候明星都不如作家受欢迎，靠脸蛋儿的不如靠脑子的是社会的共识。可惜这共识到九十年代就不复存在了，金钱至上的社会价值观让作家们一个个下海，不下海也羡慕下海的。作家们的神圣光环逐渐褪去了，趾高气扬的作家们开始低头奋脑了，社会地位渐渐走低，于是人类灵魂的工程师们也有人踏上了红尘滚滚的道路。

　　史铁生由于摇着轮椅，落在了后面。古人常说福祸相倚，瘫痪这

史铁生回陕北　1980 年代

祸到了这会儿竟然成了史铁生的福分。生命含义的这层思考，让他比正常人更能清晰地知晓写作的含义，让他更加放不下手中的这支笔。

史铁生在最苦闷的日子里会去地坛"默坐呆想"，任何一个身体健康的作家也不会如此苦行。一个瘫痪、每周透析三次的人命若琴弦，离死亡有多远恐怕只有身临其境才能知晓，史铁生以平静的口吻说："死是一件无须乎着急去做的事，是一件无论怎样耽搁也不会错过了的事，一个必然会降临的节日。"

死亡与苦难让史铁生在作家中成为一个哲人。世事纷杂，充斥诱惑，而他三十年的作家生涯却一个十年比一个十年更为精彩。他未变，时代变了；时代变了，他未变，因而凸显一个灵魂的价值。史铁生调侃自己"职业是生病，业余在写作"，这句沉重的话让我们听来是多么的豁达。在二〇一〇年的最后一天，在离他六十岁生日还有四天的时候，他迎来了他那"必然会降临的节日"，在天国，史铁生先生一定幸福，超越凡人。

2011 年 1 月 3 日凌晨

金槌朱汤生

1941.7~2011.1

尊重商业法则是苏富比在香港创下光荣业绩的根本，尊重中华文化是朱汤生发自内心的真切感受。和朱汤生在一起，你能强烈地感受到他那颗被中国艺术浸泡的心。

朱汤生是 Julian Thompson 为自己起的中文名字，从字面上看港味十足，事实上也的确如此，朱汤生一九七三年率苏富比（SOTHEBY'S）拍卖公司进驻了香港，并在那年主槌了香港第一场中国古董的拍卖。那时的拍卖都在富人小范围中进行，场地局促，朱汤生站在拍卖台上，尽管头都快碰上屋顶吊灯，但英姿焕发。

这张照片载入苏富比的史册。一个成立于乾隆九年（1744 年）的老牌资本主义公司，以其敏锐的商业嗅觉，在二百多年后率先进军香港市场并大有斩获，今天看来已近乎神话。

我可能是大陆去香港参加古董拍卖最早的人了，当时香港几乎不能用普通话沟通，我既不会粤语又不会英语，所以一进香港凡事用纸

朱汤生　1973 年　香港

条开路，说不清楚就写。那时去香港什么都对我构不成诱惑，只有古董，尤其苏富比、佳士得两家公司的拍卖预展，让我一天天地沉溺其中。那时展览没有柜台相隔，东西任客人随意拿放，不受任何限制。展厅内人也稀少，没有工作人员打扰，安安静静地让我度过了心满意足的一天。

看过几次苏富比的拍卖，知道了台上那个和蔼可亲的老外叫朱汤生，中国陶瓷的世界级权威，一言九鼎。大凡外国收藏家都听从他的意见。这让我十分新奇，一个外国人，怎样认知的中国陶瓷呢？

第一次与朱汤生先生正面接触隔着十几排椅子，他在台上神气地执槌，我在台下忐忑不安地等待。我听不懂英文，被迫斜着看台侧面的记价牌。那时的拍卖很古典，每一件拍品都由工作人员郑重其事地亲手拿上台展示，苏富比的人穿藏蓝色大褂，佳士得的人穿紫红色大褂；记价牌是机械装置，如同机场的老式航班显示牌，不停变幻着数字。一个没有拍卖经历、听不懂语言、兜里又没俩钱，还想买一件价格不确定的东西的人，紧张的程度可想而知。

我想竞拍的那件瓷器终于上场了，我的心跳有多厉害只有我清楚，

［宋］定窑白釉划花牡丹纹梅瓶　观复博物馆藏

跳得心脏都有点儿难受了，我一会看拍卖师，一会看瓷器，一会看记价牌，有点儿忙不过来，我看着记价牌上是港币 170,000 元，战战兢兢举了一下牌，心中目标是 180,000 元，时间仿佛凝固了，令人窒息，我清晰地听见落槌敲击声，朱汤生笑容可掬地对我说了句我唯一能听懂的英文：Thank you。没等我反应过来，记价牌又无情连续跌落几声，令我心碎地停在了 210,000 元上。当时我的内衣立马湿透了，双眼湿润，觉得拍卖师真是伟大，杀人不见血。

这段往事后来在轻松的环境中我跟朱汤生聊过，两人开怀一笑。他肯定不记得这一幕，这样一件对他来说稀松平常的拍品，他一生经历过不计其数。在外行人看来，他是一个高高在上的洋人拍卖官，绅士般的修养，什么时候都彬彬有礼，不温不火，愿意倾听，而回答问题总是不紧不慢的，直到你了解。

国外的拍卖师大都是拍卖项目的专家，不像国内，专家与拍卖师各司其职。所以拍卖师要交许多藏家朋友，切磋交流。一件古董的真假优劣往往在行家眼中也有分歧，评判标准差异大得惊人。朱汤生的业务水平堪称世界一流，几乎所有世界级的藏家都愿意听取他的意见。即便如此，朱汤生按中国人传统美德来说，可称"虚怀若谷"。

有一次在香港苏富比公司的会客室里，他拿出一件永乐青花重器问我如何看，我以为这算一场考试。不鉴定文物的人不懂压力，人在重压之下技术会变形，说一些四六不靠的违心话。我看后对朱汤生说，这件东西真，没任何问题。他笑着对我说，几个大专家都说有问题。我依然坚持己见，并说出一二三。后来这件拍品顺利拍出，还创造了纪录。朱汤生事后跟我说了一句意味深长的中国话，人会为名所累。

我原以为朱汤生不会中文，每次遇见他仅打个招呼问个好，后来时间长了，才知道他的中文不错，看比听好，听比说好，他只是不大爱说而已。一个英国人，如果不是中文专业，说中文算是个难事。其实，朱汤生早期在香港时也没机会说普通话，据说他会说粤语，可惜我没听他说过。

自苏富比进军香港市场至朱汤生退休，他在此效力超过三十年。二〇〇三年，苏富比在香港隆重举办三十周年纪念活动，盛况空前，酒会上朱汤生老骥伏枥，踌躇满志。那一天，我忽然发现朱汤生的头发白了，在我印象中好像是突然白的，回想第一次见他的时候他满头黑发。我以为外国人是不会白头的，头发天生自来旧，不像中国人，少黑老白是个规律。我那天想做的事今天可以说出来，我就是要在这场纪念拍卖会上买得一件拍品留做纪念。

翻阅《香港苏富比三十周年》画册，你会知道有多少重器是经过朱汤生之手成交的，他手中的拍卖槌可称金槌，在这支槌下诞生过许多中国艺术品的世界纪录。这本画册最牛的一句话是这样写的：值得一提的是，直至执笔之时，中国每个重要朝代的瓷器拍卖最高成交价纪录，皆由苏富比所缔造。

一个老牌拍卖公司，在一个特殊的历史时期，以古董最没人关心的年代，直至古董已得到全世界及国内大亨们的关注，一个又一个的世界纪录皆来自朱汤生的槌声，这声音在朱汤生听来不过是个音节，在我听来却是个组曲。

二〇〇九年的春季和秋季，朱汤生两次来到观复博物馆参观。每次我都陪同他看完全程。在展柜面前，只要为看文物，他不惜单腿下跪接近文物，脸上永远保留着对文物的敬意。他对文物的判断丝毫不

我与朱汤生及友人　2009 年　观复博物馆

带金钱的意味，别看他是苏富比的首席拍卖师，但他从未说过这件东西如何值钱的话语，所有的问题都是专业的对话。

曾经沧海难为水。在金钱面前，朱汤生看过太多，拍卖场风云际会，龙争虎斗，过客匆匆。文物不言，却能看见人们为此的争斗。拍卖师永远高高在上，看着各色人等为一瓶一罐、一盘一碗火并，其目的或直接或间接，或高尚或平庸；但老成持重的朱汤生每当审视一番拼杀之后，最爱说的一句话就是：谢谢，这东西是你的了！

尊重商业法则是苏富比在香港创下光荣业绩的根本，尊重中华文化是朱汤生发自内心的真切感受。和朱汤生在一起，你能强烈地感受到他那颗被中国艺术浸泡的心。他把自己称为"瓷器的爱好者"，每每遇见中国陶瓷都孜孜以求，不以权威面目出现。他习惯以征询的口吻问话，探讨某一个专业问题，这种探讨的方式在国内业界太少见了，所以我每一次与他见面都获益颇多。

二〇〇九年十月，观复博物馆为新中国六十周年纪念举办了两个展览——《百盒千合万和》和《座上宾》，特意布置了一个场景供来宾留念。二〇〇九年十月十二日，朱汤生最后一次来博物馆，我与他在

我与朱汤生 2009 年 观复博物馆

此留下一张珍贵的照片。朱汤生当时已身患癌症，但我不知情，长达近两个小时的参观，让我看到一个一辈子与艺术品打交道的人的虔诚；我让他坐在书案中间，俨然是主人；我坐在旁边，像是客人来与他聊天，我觉得主宾颠倒更能表达我对朱汤生的敬意。

十五个月后，朱汤生西归，听到这一噩耗，我几近不能言语，从他的讣告中我才知道，这位我敬重的一辈子与陶瓷打交道的大家，早年却毕业于英国剑桥大学最古老的国王学院，专业是数学和哲学。

2011 年 1 月 19 — 24 日

侠客刘新园

1937.11~2013.11

刘先生的陶瓷研究成就是墙内开花
墙外香，他的性格不适宜在中国文
化酱缸混，一语不合，拔刀相向，
吃亏的总是他这种文人，可他一点
儿也不在乎，我行我素行走江湖。

那一年是哪年？我只清晰记得是个风雨如晦、凄冷森森的春日，我只记得是座宽而阔、高而深的古宅，穿过满是陶瓷碎片的过道，看见满视野像被排列过的国宝级官窑残器，我忘了和主人先打招呼，眼睛盯着瓷器一件件地快速浏览，直到他拍我的肩头，我才转向了他。刘新园，景德镇陶瓷考古研究所所长，对于喜爱陶瓷的我来说，其名如雷贯耳。

其名如雷贯耳的刘新园先生披着件衣服，趿拉着鞋，与我的想象有些差距。他笑着问我来这儿干吗，我说喜欢，他哈哈大笑说，我这儿没一件完整的，都是残器。那天，案子上都是成化官窑残器，斗彩小杯百个以上，似乎在排队、在拼接，听亲人安排，与生人见面。对于这些残器，刘先生是亲人，我是生人。

刘新园　2000 年代

三十年前的景德镇像一个久病初愈的病人，慵懒羸弱。我记得第一次去，抵达已是深夜，草草住下。第二天一大早起来路边寻吃，忙碌的南方最好看的就是早上湿重的炊烟，吃早饭的小摊桌矮凳低，烟熏火燎，蜷缩着吃一碗交钱走人。景德镇给我的第一印象是乡下的乡下，山区的山区。但满坑满谷的瓷器，让人心动。从那时起，大约有十几年的时间，景德镇大兴土木，珠山一带连续发现了明代落选的官窑，按刘新园先生的话说，面对如此遗物，又激动又惆怅，激动的是残片能拼凑出基本完整的器皿，补充我们对那个时代的认知；惆怅的是十数吨若干亿片整理出来要待到何年何月？

今天的人很难理解那时人的心境。今天的人对瓷器的认知，哪怕是残器也是以钱当先，张口闭口值多少钱，二三十年前的人没有这么世俗的观念。每个人都看守宝贝似的看住曾被朝廷命官抛弃的残器。那些永乐宣德成化的稀世珍宝虽因小恙被弃于地下，又因抛弃而得以重见天日。祸兮福所倚，福兮祸所伏。吉凶同域，否极泰来。

我对陶瓷的热情在那个年月少见，所以刘先生就对我说喜欢就常来，有的是东西给你看。说着他带我去房屋后墙的夹道中看，堆积如山的残器，多为首次发现，而这些在过去只是个传说。传说中的永宣

刘新园的书房

青花成化斗彩摆在你的面前，可你看还是个传说。可能是我太喜欢了，刘先生开玩笑地警告我，许看不许拿。说实在的，我当时真想拿几件，心里说这么多呢，都是一样的，拿几片回去研究怎么啦！可刘先生鹰一般的慧眼如芒在背，我只好心里念叨着"人穷志短，马瘦毛长"，自嘲解忧。

我那天的印象中都是瓷器，后来在哪儿吃的饭，吃的什么，一点儿都记不清。只记得人多屋冷饭凉汤咸菜辣，但心气很高，问了刘先生许多问题，该记住的都记住了，该忘的也就都忘了。刘先生与我一见如故，滔滔不绝，他口音有些重，有时候我听得半懂不懂的，也不便插嘴问，临分手才问他是哪里人，他说湖南人，来景德镇二十多年了。我说要是我也在这儿待二十多年就好了，刘先生没接话，狐疑地看了我一眼。

刘先生那时并没有出版什么书，我最早读与陶瓷相关的书没见有刘先生的。后来他送了我一本《蒋祈陶记著作时代考辨》，我读完有点如梦方醒的感觉。刘先生的行文力度跟他说话相近，刀刀见血，读之畅快。刘先生最爱说的一句话是"我把吃奶的力都用在写文章上了"，因为如此，可见用心；因为用心，方见成就。刘先生的陶瓷研究成就是墙内开花墙外香，他的性格不适宜在中国文化酱缸混，一语不合，拔刀相向，吃亏的总是他这种文人，可他一点儿也不在乎，我行我素，行走江湖。

后来我曾长久地琢磨过他这个人。他与我见过的学者都不一样，外观上不修边幅，说话也不修边幅，一副疲疲沓沓的内外，不装腔作势，说专业时两眼发光，果断而不拖泥带水，这让我非常过瘾。后来在许多场合都见过刘先生，有一次见他西装革履的，我差点儿没认出来，一问才知刚给老外做完报告。我原来老以为中国许多知识分子让"文革"弄坏了，只能玩朴素范儿，上不了台面，一穿上西服就手足无措，可刘先生却下得厨房上得厅堂。我和他打了招呼，心中的话没和他说。

陶瓷鉴定早些年是个冷门学问，偌大的中国能对陶瓷迅速做出判断的总共就三五个人。有名的我都接触过，每个人风格不一，大开大合者有之，中规中矩者有之，谨小慎微者有之；刘先生为前者，有什么说什么，从不藏着掖着，一听就让人痛快。后来陶瓷收藏热了，鉴定家就成了香饽饽，有人请了，坐头等舱了，拿鉴定费了，一拿鉴定费就言不由衷了，大鉴定家们立马分出了高下，这高下实际上就是人品。

有一次刘先生来北京，我去看他，正巧有个人拿来一件罕物，喜欢陶瓷的人都对罕见之物又爱又恨，爱之稀世，恨之难搞；张三李四王五说法不一不算，还有的大家吭吭哧哧地不做表态更让人不爽。刘先生见东西没半分钟就说，东西对。来人说某某老判了死刑，说时一脸委屈。刘先生说，我那里有，可以对照。来人立刻破涕为笑，让我知道了人脸上也有风雨雷电。

我听到刘新园先生西去的消息已经是他走后的第二天晚上，瞬间觉得突然至极。每次见到刘先生从未感到他有老态，总觉得他就是大哥。这个大哥在中国文化上有江湖侠客的意义，能包容能承担，有本事有豪情，在中国的江湖上，最难当的就是大哥。上次见到他时是在上海，吃饭喝茶，谈天说地，谁知人过中年后每一次分手都可能是终生的分手，回想那一刻顿觉心痛。

更觉得心痛的是二十几年来的相识弹指一挥间，记得一些细节不记得整个过程，记得音容笑貌不记得都说了什么。人生不可能让你记住所有，就像我初次见到刘先生的那个凄美的春天，那一年是**哪年**？

2013 年 11 月 7 日 完稿于厦门鹭江宾馆

老麦麦戈文

1937.8~2014.3

老麦给我的感受就是怀有一颗仁慈
之心。他从没有富翁高高在上的心
态，尤其在文化面前，永远保持虔
诚的态度。

我在德国德累斯顿博物馆饶有兴趣地看了一天当年奥古斯特二世收藏的众多瓷器，许多精美硕大的外销瓷从未见过，又听了他以士兵换瓷器的故事，心里很是满足。回来的路上路过该市最著名的圣母大教堂，手机接到一个信息，我低头看了一眼，心里忽悠一下，连随行的人都看出来了，急问我怎么回事，我长出了一口气，说，先进教堂坐会儿。

　　德累斯顿圣母大教堂恢宏肃穆，零零落落地坐着些人。我悄悄坐下，静静地想着老麦，心里说他怎么这么快走了？他好像年龄并不算大。老麦是大家对这位美国人亲切而随意的称呼，全无身份考虑。其实老麦是名副其实的大富翁，在中国有他财富零头的都被唤作主席总裁什么的，可大家却都称他老麦，久而久之成为官称。我第一次见他时也跟着这么叫，老麦十分欣然地接受。

　　老麦身高体胖，永远不紧不慢地，一脸诚恳的微笑。记得第

德累斯顿圣母大教堂

一次见他是熊晓鸽先生带着，那时我连风险投资是什么都不知道，只知道他是美国连续多年上榜的富翁，来中国投资。当时正值中国人创业热，每个投资人都是创业者的上帝，所以老麦走到哪儿都有人簇拥，都有人投以渴望的目光。可能是中国人长久地远离创业理念，二十多年前的大部分创业者如出笼之兽，东蹿西跳，慌忙中透出热情。

老麦看见的就是这股热情。他用早年在美国赚来的大笔资金毫无吝惜地投入了中国市场，把风险投资（VC venture capital）概念引进中国。所有受惠者都可以说是他的晚辈，所以总能感到他慈祥的微笑，由于这种微笑，后来才有了天使投资人的称谓。老麦创建 IDG（美国国际数据集团 International Data Group）之初也是年轻人，他毕业于麻省理工学院，在校时已经是《计算机和自动化》的副主编，那是一九五九年，计算机与自动化与我们尚距离遥远。正是如此，先行者挟先行之利，以犀利的目光发现了一大片未开垦的处女地。

处女地毕竟荆棘密布、虎狼出没，先行开拓者与观望者的差距在于胆识。老麦最初来中国的日子想必没有后来那么受关注，

左起周全、麦戈文、马未都、熊晓鸽 2010 年 观复博物馆

如此大资金大精力的投入，今天看都是成就，当时看都是冒险。二十多年前，大笔资金的风险投入不仅仅需要胆识，还需要一颗仁慈的心。

老麦给我的感受就是怀有一颗仁慈之心。他从没有富翁高高在上的心态，尤其在文化面前，永远保持虔诚的态度。他多次来观复博物馆参观，作为商务繁忙的精神调剂，他每次来都和第一次来一样兴致勃勃，问东问西，对他不熟悉的东方文化，他像孩子一样地发问，不时发出爽朗的笑声。记得一次他偕夫人看陶瓷馆，夫人对中国宋代定窑十分感兴趣，问了很多，我尽可能地描述宋人朴素的审美意趣，记得最后老麦替夫人问我，我可不可以拥有这样一件优美的白瓷？

其实我当时真不知这是老麦的幽默玩笑，还是他的确想拥有一件宋代白瓷。我告诉他每年纽约都有拍卖，拥有它只需要等待，可他说"还需要资金"。我忽然感到这可能就是收藏的真谛，眼光＋机遇＋资金，风险投资也不过如此。他率领的团队在中国互联网及其他传统行业准确地投下众多的资金，何尝不是这三要素呢？

今天公众熟悉的腾讯、百度、360、携程、如家、分众传媒以及《时尚》杂志等等，创业之初不过是大漠中的一簇小草而已，IDG发掘它需要独特的眼光。在中国创业的二十多年里，IDG投资了几百家企业，每年以健康的态势发展壮大，成为风险投资界的老大，这一切显然都与老麦有关。二十多年来，老麦来中国逾百次，以他的身份与成就，似乎可以不这么辛苦，可他仍旧兢兢业业，不辞劳苦，套用毛主席的话，一个外国人，不远万里来到中国，把中国人民的创业当作自己的创业，这是什么精神？

老麦走得突然，我坐在圣母大教堂中默默为他祷告，我也不知他是不是基督教徒。我觉得这是一种人生缘分，是我与老麦之间的一种缘分。这缘分能让我安静地坐在全世界最大的砂岩建成的、毁于二战盟军轰炸、后又集资重建的圣母大教堂中，遐想过去与未来这一永恒话题。当过去真正成为过去之时，你才知道过去的重要；当未来永远是未来之时，你才知道未来未能够成为现实，所以人生要珍惜。

老麦走了，晓鸽告诉我，还不到七十八岁，以今天的医疗条件实在是年轻了些。我老说，好的医术和条件可以让人有尊严地走，而不能挽救所有的生命，生命因此彰显宝贵。更为宝贵的是一个人用生命创造的社会价值，普通人看见的多为物质，成就者追求的多为精神。由追求物质到精神追求老麦走了半个多世纪，他生前捐献的许多研究和慈善机构会在他身后依然惠及他人。

老麦全名为帕特里克·J. 麦戈文（Patrick J.McGoven），认识他的中国人都称他老麦，不分老幼生熟，这是对这位永远微笑的美国人发自内心的认同，老麦的在天之灵应会感到欣慰。

2014 年 3 月 22 日

写于阿姆斯特丹机场及回北京的飞机上

画家陈逸飞

1946.4~2005.4

逸飞是画油画的，我是先看他的画，
又听说他的故事，后来才偶然与之
相识的。逸飞的油画最早出名是大
名鼎鼎的哈默收藏，哈默访华时心
血来潮将一幅《水乡》送给了邓小
平。

我第一次吃鲥鱼是陈逸飞先生请的客，那是他的最爱。在上海延安路的苏浙汇餐厅，逸飞笑容满面，周到地照顾着每一个上桌吃饭的人，完全不是那个传说中的大画家。

说实在的，那天最让我感兴趣的还是鲥鱼，记忆犹新。我过去只在书中看见过鲥鱼的记载，乾隆皇帝下江南才能吃到的美味这会儿就摆在我的面前。我以为是条整鱼，谁知仅是半条鱼，从脊到腹垂直一刀劈开，趴在盘中貌似一条整鱼。自小吃鱼都是中间一刀，头尾各半，这齐刷刷的垂直劈开令人称奇。逸飞说，鲥鱼味美，名不虚传，我遂说，长江三鲜我吃过河豚、刀鱼两鲜了，这回算领教苏东坡李渔赞不绝口的最后一鲜了。

逸飞是画油画的，我是先看他的画，又听说他的故事，后来才偶

左起马未都、邓南威、陈逸飞　2003年　北京
《上海少女》已由邓南威夫妇和观复博物馆捐赠给上海中心大厦

然与之相识的。逸飞的油画最早出名是大名鼎鼎的哈默收藏，哈默访华时心血来潮将一幅《水乡》送给了邓小平。邓小平接受礼物时对哈默说了什么谁也不知道，知道的是那以后，江南水乡周庄火了，游人如织。有一年我去周庄参观，在摩肩接踵的人群中我对当地的领导讲，你们真应该给陈逸飞在街心广场立个像，是他最早发现的周庄之美。

其实逸飞画作中最引人注目的还是那些美女。早期他在美国画洋妞，大提琴手小提琴手，金发碧眼，皮细肤腻，一看就是学院派的古典画法。那时西方人已经不老老实实作画了，有这种基本功的画家不多，慧眼识珠的大收藏家哈默一眼就看中了逸飞的画，多少买进不知，但不是个小数。后来逸飞又开始画上海妞，三四十年代的旧上海，远东第一重镇，造就了上海妞独有的风情。在逸飞的笔下，这些曼妙女子如醉如痴、如梦如幻，折射着旧上海的纸醉金迷、一代风华。

我看这些画仅限于看，离欣赏还有一段距离。囊中羞涩让我没好意思跟逸飞开口，尽管他暗示过我，对我可以不计价钱，喜欢就好。可君子不掠人之美，何况我们共同面对的已是一个铜臭飘香的社会。我说，西画我是外行中的外行，除意大利文艺复兴的三巨匠外知之甚少，名作要藏之名山，我能看见已然知足。

那次是去逸飞的工作室，下了车还在上海的里弄里走了一阵子。天热得很，我汗流浃背的，逸飞仍西装革履一副老派的上海男人作风。进入他的工作室，满壁都是已完成和未完成的作品，逸飞说，这就是他的日常工作。

我过去对画家的认知只停留在他的作品之上，看画家作画的环境并不多，我原以为画家和作家一样，完成一个作品再创作下一个作品，可画家还真跟作家不一样，画家的脑子是片状的，作家的脑子是线状的。作家绝不可能同时写几篇小说，可画家可以同时画几张画。那天我对自己曾经的职业感慨万分，深感技不如人，有茅塞顿开之感。

二十世纪末，上海收藏市场特别活跃，在拍卖出现以前，上海买到好东西的几率比北京大，因而我常去上海，大街小巷地溜达。上海人极愿意做生意，斤斤计较，不像北方大爷们吃了上顿没下顿时仍牛得不行。在上海我总感到如鱼得水，东西可挑选的余地大，所以三天两头去上海淘宝。时间长了，有一天我忽然对上海民国时期家具开了窍，原因是看见了一套十几件装的民国时期家具当年订货的单子，上面的价钱吸引了我，那时购买这套家具居然要三十两黄金！

　　这一好奇让我开始购买上海民国风格的家具以及其他物品，谁知东西越买越多，越多就越不知做什么好，直到有一天心血来潮，我对逸飞说，我要在北京搞一个海上怀旧展，展出三十年代旧上海的风貌，弄好了请他来剪彩。

　　我是个说了就做的人，我把当时手中的上海民国家具统计了一下，找了场地，又设计又施工折腾了仨月，然后去印请柬，请柬上我别出心裁地印了一行上海话：阿拉请侬来白相。我自以为得意的这句设计把我自己整惨了，展览开幕那天，谁来谁问我这句话的意思。我本以为这句最为普通的上海话对北京人喜感十足，可北京人生是没人领情，害得我跟每个人解释，"阿拉"是我，"白相"是玩，上海话，意为"我请你来玩"。

　　逸飞慢悠悠地到来时正赶上我跟朋友解释这句上海话，我还让逸飞用上海话说一遍，逸飞说完笑得合不拢嘴。他对我说，可惜上海没人做这事，让北京人做了，上海人惭愧啊！那天，我要求来宾尽可能穿三四十年代的服装，结果服装五花八门，有点儿群魔乱舞的意思，大家都很尽兴。我拉着逸飞照相留念，摁下快门的一瞬间，我不知对

我与陈逸飞　1999 年　观复博物馆

逸飞说了什么，他笑翻了天。每当我看见这张照片时，都在猜想自己当时究竟说了什么。

这些都是往事了，往事如烟。逸飞走五十九岁，我五十，今年我也五十九了。时间过得真快啊，怎么一眨眼就过去九年？他请我吃的鲥鱼似乎还没有翻动，还闪着幽幽的光。

逸飞说，只有鲥鱼是不去鳞的，鳞有油，蒸着吃很香的，橘皮切丝与花椒装于鱼腹，用食盐、红酒糟腌渍两小时后蒸，其他你都看得见，无非火腿片、姜丝，这鱼《金瓶梅》中多有提及，咱没西门庆的艳福，可有西门庆的口福，说完就大笑不已。我跟着也笑了，我笑的不是艳福口福，是逸飞那一点儿也不像画家的性格，透明而不遮掩。

2014 年 6 月 3 日晨

大阿福海波

1950.8~2012.5

海波先生宽额卷发，大眼浓眉，笑起来眼睛会成一弯新月，喜如惠山阿福。每次见面时他虽脸色不好，但精神很好，声若洪钟，光听声音真不像个久病之人。

本来是不想写这篇悼文的，最近朋友走得太密，不知说些什么好。可半夜忽然醒来，再也睡不着了，满脑子都是海波先生不清楚的影像，心想可能他想让我说些送行的话。

海波先生病重多年，得的是致命的病。记得很多年前，他就和我说，活不了许久了，可他一直坚强乐观地活着。海波先生宽额卷发，大眼浓眉，笑起来眼睛会成一弯新月，喜如惠山阿福。每次见面时他虽脸色不好，但精神很好，声若洪钟，光听声音真不像个久病之人。这些年生活过得好，少有他这种视死如归的人，谈论自己的死如同谈论其他。

能拿自己的生死开玩笑的人不多，中国人忌讳谈生死，尤其患病之后。很多病入膏肓的人老是问医生，我什么时候能出院啊？给自己以希冀，给医生以难题。可生活中确实也有奇迹，被医生判了死刑最

海波　2004 年　欧洲

终出院高高兴兴又活了许多年的大有人在。海波先生对我说过，早判死刑了，只是至今活着。他出入医院是家常便饭，手术刀刺开他的身体也是家常便饭，他先后做过十来次大手术，别人听着都十分恐怖。

可在海波先生身上看不见恐怖，有段时间没见着他，一问，手术去了。那时秦公还健在，常约我们去他的办公室聊天，去晚了，我还没进屋，海波先生的大嗓门稀里哗啦地传出屋外；去早了，说不定海波先生一会儿就嘻嘻哈哈地来了。

其实我和海波先生不能算太熟，对他的历史和家人都不知道。如果社会是个江湖，没必要把见到的船都翻个底儿掉。海波先生编辑《收藏》杂志，赶巧早年我也是个编辑，说话投缘，一点即通。我记得秦公去世忌日就是他来约我写的悼文，今日又为他写悼文，人生无常，让人没法不感叹。

江山与人生都不会因为感叹有所变化。江山是个自然，寒来暑往，日升月恒；人生也是个自然，尺璧非宝，寸阴是竞。人生易老天难老，人生有所感受，江山不会有所感受，昨日的满头乌发，今天已是花白，再有多少日子就会鬓发成雪？我满头黑发时，不曾知道自己会有一天白发多于黑发；今天头发花白，真不知有没有鹤发鸡皮老态龙钟的那一天。

人越老越畏死，人越好越畏死，反之不然。年轻不知愁滋味，别说生死了；日子过得苦也不怕生死，所以年轻时常用"还不如死了呢"解一时之气。

生死只是一个轮回，不论短长。唐代的孙思邈贵为长寿之人，今天看也成为久远的历史。人的生命长度只对他自己有意义，对历史对别人无非是一个点，比较测量而已。能想通这些，对人生就会坦然一些，海波先生想必通透，他拖着病体的日子对他也是如歌的日子。

宗少山兄最先告知我噩耗的，信息短得不能再短：海波殁了。我心揪了一下，"殁"字今天少有人用了，古字古音的，与"没"通假。沉下漫过为没，夕阳沉没，大雪没膝；到头也为没，没齿不忘；想来古人造字功夫了得，浮沉江湖只是人生的片段，漂浮再久终有一没。所以孔子说：未知生，焉知死。

未知生，焉知死。这话够深度，不是每个人都能弄懂这六个字的。季路问孔子的是"死"，先生回答得十分巧妙。重生轻死，说易做难。

重乃尊重，尊重自己和他人的生命，要活明白；轻乃轻淡，不做纠缠。"生者为过客，死者为归人。天地一逆旅，同悲万古尘。"浪漫的李白都写过如此不浪漫的诗句，足见肉体生死之外的精神生死。

海波先生是回族，我总觉得他与明朝海瑞有点儿亲缘关系，海瑞也是回族，这事没机会问问他，成为遗憾。海波先生的讣告很老派，李卫先生代发的：依穆斯林俗约，恳辞一切赙仪。我发短信回复李卫先生，表示哀悼之情。李卫告诉我，海波先生由于病魔缠身，不能常与好友相聚。但他时常谈及当年我的轶事。李卫安慰我说，你们有这样的过往，相信海波老师足慰平生。

我笑了，不知海波兄背后都说了我些什么，轶事总归轶事，散落世间，为人不知，修枝剪叶者、画蛇添足者均有之，朋友就是这样，能背后添些轻松笑料，构成清淡如水的友谊。道山已有多位朋友先行，想必海波兄此行能和他们继续聊天，述说轶事。依他的个性，我猜想他可以把有限的幸福生活拉长放大，如同北极冬夜五彩变幻的北极光。

2012 年 5 月 14 日晨

老人叶圣陶

1894.10~1988.2

叶圣陶老人比我年长一个甲子，慈眉善目，神态祥和，符合传说中的神仙相貌；每当夕阳西下，余晖满天之时，爷爷如雕像般静坐丁香树下，让我深深感到修炼的力量。

看视频，听故事

北京东四八条是有名的大胡同，元朝就开始有了。而我童年的记忆多是六条，因为姥姥家在六条，每逢年节，我就会牵着母亲的手由西郊坐车到东边来看望姥姥。姥姥家是个大杂院，母亲从一进大院门起就与邻居们挨个打招呼，一直走到后院，进屋叫一声娘，这一声娘是按山东老家的叫法，让我听着非常的古老。

我对北京的胡同还算熟。早年的胡同不见汽车，显得干净。胡同里的大门小户昭示着过去人家的历史。经过时代的几轮洗礼，过去的大户人家往往都成了大杂院，广亮大门大敞四开；倒是些小户的蛮子门还可能独门独户。我小时候对那些独门独户的院落十分好奇，总想透过紧闭的大门看见什么。

舅表哥年长我十岁。十岁在童年时期就大很多了，所以表哥在我年少的眼中显得十分有路子。他有一个同事叫叶三午，浓眉大眼，跟

叶圣陶　1980 年代　北京

我这种淡眉细目的长相完全两条路子。那年月被人带去他朋友家串门
是很有面子的事情，有一天表哥跟我说，带你去叶三午家玩玩，我欣
欣然随之前往。

北京的胡同大都有名，只有东四头条到十四条有些例外，八条
和六条虽仅隔一条胡同，但走在里面仍有新奇之感，八条当年就比
六条安静，胡同里面常常见不到人。路南52号是座大楼，大楼在胡
同里显得突兀，里面的单位当年很吓人：《人民文学》杂志社。路北
的71号倒是清静，门户关锁，表哥上前轻叩门环，没多会儿即有人
前来开门。

这是我年少时进去过的最阔绰的院子了。迎门有影壁，三进大院，
正院有垂花门，内设抄手游廊，我尾随着表哥一声不吭，表哥也小声
小气地与叶三午交谈，问：爷爷睡醒没有？叶三午忙说：先进屋。那
是个夏天的正午，蝉鸣让世界显得安静。

叶三午是表哥的同事，因工伤致使驼背严重，走起路来像个老年人。
他见我面就随口叫我未都，和一家人一样。三午住在西厢房，地面都
是花砖地，那年月让人感到十分资产阶级。"文革"十年，凡带有资产

叶圣陶故居院落海棠花盛开　2018 年

阶级特征的东西几乎都被砸光了，这种漂亮的民国风格的花砖地面让人踩在上面多少有些不适应，感到无处下脚。

北京的四合院西屋一般冬暖夏凉。有一句俗语说:有钱不住东南房，冬不暖，夏不凉。道理简单，北方冬季刮西北风，大风凛冽长驱直入；夏季昼长夕照强烈，阳光使东屋受光而热。那时的北京别说空调，连电风扇都是罕物，很少有人家中置有电风扇。西屋冬季背受西风不怕，夏季阳光又晒不进来，因而冬暖夏凉。

当时我已走了一身汗，进屋凉意顿生，汗落心静。叶家客厅里有大皮沙发，一坐进去就会深深陷在里面，让人有些不敢坐。那时候军队大院内，沙发是办公楼里接待室的标配，私人家中除大官有配给，绝大部分家中没有这种享乐主义的家具，所以三午家沙发给我的印象深刻。

我那时年少，在叶三午眼中可能傻傻的。三午属马，祖父叶圣陶、父亲叶至善都属马，因叶三午是长子长孙，祖孙三代甲午、戊午、壬午均相隔廿四年，叶圣陶老人给长孙起名"三午"，大巧若拙，名俗实雅。一开始，我没敢问，一直以为"三午"是"三五"，因为小学同学有叫

左一姚兀真（叶三午妻），左二扈凯（表哥），左三施漳（表嫂），中间老者为叶圣陶，右一马未都，
右二叶佳（叶三午女儿），左五叶至诚（叶圣陶次子），余友人 1980 年代初 北京

六一、八一的，名字都与节日有关。我们小时候每年三月五日都要学雷锋，我无知地猜测这名字是否与此有关，谁知此"三五"非彼"三午"。

在我眼中，叶三午是个优雅的愤青，张嘴说的都是俄国文学、英法文学，表达时夹杂点儿不太脏的脏话。在三午的家里聊天，时不时地会来客人，我都不认识，因为来人都比我大。多年后，看一些回忆他的文章说，来人多是名流，可惜我皆不认识。三午对科技产品抱有极大兴趣，他有老式留声机，那时讲究听唱片；还有照相机，我记得他的老式相机是德国的。莱卡与蔡司这些词，我年轻的时候光听到就涌起一股神圣感。

我记得至少去过叶家三次时都未能见到叶圣陶老人，只是听三午老是说爷爷如何如何。他墙上挂着一副爷爷写的篆书字对，"观钓颇逾垂钓趣，种花何问看花谁"。当时我认不全，尤其"垂"字，篆书奇特。我是问了三午才知道的。三午说，爷爷写的，爷爷最爱写这字对。我那时理解这字对的内容有些吃力，意思懵懵懂懂，深层之意弄不明白。后来很多年在一场拍卖会预展上看见叶老同样内容的一副字对，上面有关于此对的说明，叶老写道：此为一九三九年所作《浣溪沙》中语，

叶圣陶书法　叶佳（第147页照片中的小女孩）提供

时余全家居四川乐山城外草舍，篱内二弓地略栽花木，篱外不远临小溪，偶有垂钓者，溪声静夜可闻。

叶老的释语中的"二弓地"还让我去查了字典。弓为丈量土地器具，形状似弓，两端距离五尺。那么二弓地是十尺，想来叶老在四川的草舍素朴，院落窄仄，可风景独好，触景生情的叶老才写下这富于哲理的名句。这话每十年感受都有不同，少时读之，旁观亦麻木；壮年读之，介入找感觉；中年读之，寻味有触动；今天读之，方知何为追求何为放弃。

表哥可能看出来我想见见爷爷，遂对三午说，哪天让未都见见爷爷。三午的西屋常常满座，各路神仙喜诗喜文学喜音乐喜乱七八糟的，都是悄悄来悄悄走，少去惊动爷爷。爷爷在北屋，在我眼中高山仰止，有一圈耀眼的光环。爷爷的文章收进课本，凡写进课本的文章在我眼中都是范文，高不可及。三午马上说，想见爷爷就今天，一会儿爷爷醒了就去见。

我听了这话多多少少有些紧张。没等多久，三午就说，爷爷醒了，一会儿就在院子里和爷爷打个招呼。我和表哥随同叶三午走进

缅怀叶圣陶爷爷　2018 年　叶三午的书房

院子时，叶圣陶老人坐在树荫下的藤椅上，笑容可掬，我随三午叫了声"爷爷"，就再没敢说什么，三午就热情地将我与表哥的关系给爷爷介绍了一下，我想爷爷一定没听进去，但爷爷仍频频点头，伸手拉住我。

我那时太年轻，自认为自己还是孩子，看爷爷完全是个传说中的老人。年轻时"老人"这一概念是神圣的，虽然与爷爷手拉着手，但感觉上与爷爷隔着万水千山，爷爷太高大了，他亲切和蔼也还是高大，他问了什么我都忘了，当然也想不起我说了什么。

去三午家是我最喜欢的事情，原因是总有意想不到的收获。那时人对文学的追求与向往是今天的年轻人所不能理解的，今天的孩子们可能是文学营养过剩了，反倒失去了对文学的兴趣。排队买书的景象再也看不见了，即便看见扎堆买书也是追星一族的作为。而我们年轻时对书的喜爱只有"如饥似渴"一词能够形容。三午家永远有书，其中有些当年算是禁书。古人读书有两种境界最诱人，一是"红袖添香夜读书"，二是"雪夜闭门读禁书"。我们这一代人最能读书的日子是在禁书年代度过的，自锁自己，凉水干粮地读得昏天黑地乃常事。到"文革"后期，

我与叶三午的照片　2018 年　叶家

禁锢的门渐渐松开一条缝，禁书已可以公开谈论了，于是读书迎来了黄金时代。

　　一次在三午家，我看见一本巴尔扎克的《高老头》，灰色硬皮封面，装帧朴素。我打开一看，扉页上有翻译家傅雷先生用毛笔写给叶圣陶老人的字样：圣陶先生教正。那是我第一次知道傅雷先生，这一深刻印象让我后来在出版社工作的日子斥资买齐了十五卷的《傅雷译文集》，至今还高高地搁在书房书柜的最上层。我看见《高老头》时心中痒痒，没敢开口，表哥看出了我的心思，就替我向三午借，那年月，书都是借来借去的，不像今天书买了也常常不读。三午大方地将《高老头》借给了表哥，说："未都也读读，不着急还。"

　　法国伟大的批判现实主义作家巴尔扎克的所有作品中，《高老头》最让我刻骨铭心，因为这本珍贵的傅雷先生签名送给叶圣陶老人的书生生让我给弄丢了。严格地说是我的朋友弄丢的，当时的情况是朋友死乞白赖地非要先睹为快，我一时面薄，让他先读，可谁知他将书夹在自行车后架上丢了，丢了以后找了很久也没找到。这事让我很长时间内疚自责，无法面对表哥与三午。从那之后，我才明白为什么古人常常定下规矩：书与老婆概不出借。

丢书的事和三午说时我吞吞吐吐，三午没埋怨我一句，反倒安慰了我。他岔开话题缓解气氛，从大抽屉里取出一件弘一法师写的斗方，四个大字写得不食人间烟火：如梦如幻。三午告诉说，这是李叔同送给爷爷的，他们很要好的，这是他专门写给爷爷的，出自《金刚经》。"如梦如幻"在我年轻的多梦时节，有一种醉人的氤氲之气，自下而升，轻松透骨。这让我对爷爷充满了神圣的敬意。

那以后我再去叶家不知为什么总希望见到爷爷，有时从窗户上偷窥，偶尔看见爷爷独坐在藤椅上发呆，老人发呆非常可爱，显得深沉宁静。叶圣陶老人比我年长一个甲子，慈眉善目，神态祥和，符合传说中的神仙相貌；每当夕阳西下，余晖满天之时，爷爷如雕像般静坐丁香树下，让我深深感到修炼的力量。一位中国近代史上知名的学者，没有什么现成的词汇可以描绘他，只有一个神圣的称谓最符合他老人家的身份：老人。

老人叶圣陶在我的生命旅途中是一道灿烂的风景，一闪即过。但这道风景像一幅定格的照片永远摆在了我心中的案头，什么时候看它一眼什么时候有所收获，就如同读陶渊明的《归去来兮辞》。

2014 年 7 月 8 日晚

靓仔叶伟特

1963.7~2014.6

让我印象深刻的是叶伟特的相貌，
用英俊描述他特别贴切。我过去对
香港人的认知中没有叶伟特这种
"混血"长相的：英气逼人，俊美
清朗。

香港古董行业最火的时候是上世纪八十年代后期。那时大陆刚刚改革开放，每个人都懵懵懂懂地向往新生活，做着发财梦，所有能变钱的东西都想方设法地换成钱，无论个人还是公家都将劫后余生的古董卖给香港古董商，经香港转售到世界各地。

那时的香港挟地利之优没少赚古董的钱，以至老一辈古董商都特别爱津津有味地回忆那个时期，一副恋恋不舍的口吻。当时香港本岛的荷里活道和摩罗街以及九龙地区香港酒店的古董大商场，天天车水马龙，世界各地的古董商像赶上了鱼汛一样地撒网捕捞，每家古董店都有人在谈生意，甚至有人未等古董店开门就在门口排队等候。记得香港酒店二层的一家古董店老板就跟我抱怨说，一天到晚光忙着打包了，连饭都顾不上吃。

叶伟特　2010 年　香港

　　我就是在这样的大环境下认识叶伟特先生的。叶伟特的店不大，把着香港酒店丝绸之路古董商场的一个角落，好像是东北角。给我的印象叶伟特不是专门做古董生意的，主要经营珠宝，所以他的店在古董商场中有些特别，布置得很前卫，与其他古董店十分不同。尽管香港的古董店那时比大陆的文物商店装潢讲究，但古董店毕竟是古董店，自古就是货卖堆山，大多数店里都空间有限，转身都要留意，防止碰落东西，而叶伟特的店精致明亮，给人另类之感。

　　更让我印象深刻的是叶伟特的相貌，用英俊描述他特别贴切。我过去对香港人的认知中没有叶伟特这种"混血"长相的：英气逼人，俊美清朗。一般来说，男人看男人不关注长相，但当年二十嘟当岁的叶伟特还是让我从心里欣赏了一番。尤其与之交谈后，得知他祖籍潮汕，家族历史上做珠宝生意，富甲一方；后赶上世事变故，家业败落；十多年前背井离乡，来到香港。俗话说不熟不做，他也算是重操旧业。尽管经商已多年，但叶伟特还是内心干净，说话周全，客客气气的。我心里说，如此精致的相貌不去学表演有些糟蹋了。

　　后来的十多年，香港的古董业发生了很大变化，黄金时代成了遥远的记忆，香港酒店的古董商场日益萎缩，最终关门大吉。摩罗街摩肩接踵的景象也一去不返，剩下一些老店撑着门面。只有荷里活道仍坚守着阵地，虽有些字号更迭，但总有新人加入，直到有一天有人跟我打招呼，我才发现当年的靓仔叶伟特已变成了一个熟男，在荷里活道扎了根。

叶伟特问我："马先生，还认得我吗？"我立刻说："我怎么能不记得你呢！"我把当年他的店的位置说得清清楚楚，包括我们第一次交流时的情景，叶伟特说："马先生真是好记忆。"人被人夸总会沾沾自喜，从那天起，我开始叫他"伟特"，不再称呼"叶先生"，由此变得亲近。

后来的日子日复一日，每次去香港荷里活道有时间都会去他店里坐坐，聊聊天喝喝茶。伟特总是很西化的，常常组织个小小酒会，在拍卖季招待八方宾客，我记得他准备的点心又精致又好吃，经常多吃两块。多数时候他也会将店里的玉器展示给我欣赏，碰到心仪的我也会解囊。伟特的专业很精，对东西不说过头的话，是什么就说什么，从不去赌咒发誓，不温不火地会给你留下一个空间，让你在花了钱之后心里仍然很舒服。

　　这是一个商人的天生素质。尤其古董商人与一般商人不同，因为古董价值中包括了太多的不确定性，还包括了许多传统的规则。比如老古董行特爱说的一句话是"捡来的黄金随市价"，意为你别猜测卖家的进价，只需要关心自己的买价是否合理，是否付得起，是否在买一个机会。伟特是个好古董商人，生意兢兢业业，几十年如一日；业务娴熟，不卑不亢，从不忽悠客人，按老话说是凭本事吃饭。正是这些品质，让我与伟特在一起时从没有不适之感，也愿意尽可能地照顾他的生意。

　　在毫无征兆的情况下，有朋友告诉我伟特罹患癌症，我心里忽悠了一下。人到中年最怕听到这种消息，尤其熟人之间。这种消息永远是演奏一支悠扬乐曲时的断弦，尽管乐曲仍在演奏，但你分明听见了那断弦之声，心里的难过会暂时错过美妙的乐曲。我悄悄地打听伟特的病况，听说他手术后恢复得不错，于是心里放下了大半。

　　上次去香港又遇见了伟特，他消瘦了许多，疾病真是折磨人，当年那个英气俊朗的靓仔已经不再，但他精神仍然很好，仍客客气气地与我打招呼、闲聊。他似乎没有放弃生意的想法，细说着将来的规划。小店里仍然井井有条，窗明几净，让人能感到伟特坚忍的毅力。伟特

香港荷李活道

问我，马先生有没有时间一起吃个饭，聊聊天？

我迟疑了一下，心想伟特刚刚大病初愈，说这话对我可能是句客套，我别那么没眼力见儿，再等些日子吧。于是我说，下回吧伟特，这回没时间了，下回一定一起吃饭。

谁知人生不一定凡事都有下回。今天傍晚接到朋友的电话，上来就说："伟特走了。"说者听者都心里难受，都长叹一声。我挂上电话，埋怨自己上次还不如与伟特吃顿饭呢！明明身体好转了嘛，怎么又走了呢！我开始回忆与伟特的第一次相遇，在他的店门口，我探头探脑的，他笑容满面地迎接我，先做了自我介绍。而我那天的注意力全在伟特漂亮的男性外表，心里说做古董生意的都是些油嘴滑舌的，唯独出现他这样一位临风玉树、美得让男人都能心动的主儿。当年的伟特到底多少岁啊？今年呢？

心有灵犀，朋友此时补发了一条信息，只有两个字：五十。

2014 年 6 月 14 日夜

教父安思远

1929.7~2014.8

在我的记忆中，安思远是一个又老又帅的老头，有点儿好莱坞老牌明星格利高里·派克的风范，只可惜他身边从未有过美女。老头喜欢独来独往，即便来中国也不喜欢前呼后拥。

安思远在纽约的家中不小心摔了一跤，随后住了个把月的医院，人一天比一天迷糊，最终悄悄地走了，没有痛苦。这一天是二〇一四年八月三日，他的生命就此终结，而他生命的起点是一九二九年七月十三日，掐指一算，安思远先生寿数八十有五。

八十五岁按中国的传统说法叫耄耋之年，古人活到这个岁数都是造化。在我的记忆中，安思远是一个又老又帅的老头，有点儿好莱坞老牌明星格利高里·派克的风范，只可惜他身边从未有过美女。老头喜欢独来独往，即便来中国也不喜欢前呼后拥。

我听说安思远的大名是伴随中国文物教父这个称谓的，朋友神秘兮兮地告诉我说，老头十分传奇，出身豪门，一生未娶，亦未有后，终身以文物为伴，在美国、西方乃至中国文物圈内一言九鼎，地位崇高，

安思远　1980 年　美国纽约第五大道公寓

有教父之誉。那时好莱坞刚拍了《教父》，这让我十分好奇，直到有一天朋友带着安思远先生到我的仓库中，我才知道教父的不同之处是在北京的三伏天里仍西装革履，系着鲜艳的领带。

那天是北京夏天最暑热的日子，稍稍一动弹就会出一身大汗。我们都短衣短裤短打扮，原因是仓库里没有空调，闷热难耐，我看着安思远老头如此庄重派头，心中不安，吩咐人拿来大芭蕉扇为他解暑。老头婉拒了，他可能觉得身着西服摇着芭蕉扇十分不雅，也可能不知这劳什子能否有功效，反正他不顾室内的高温，饶有兴趣地看了我那简陋的中国古代门窗展。那个展览当时并未对外开放，只是朋友来了小范围地欣赏。看完老头问了一句："这些门窗卖吗？"我笑着说："不卖。"老头笑了，说："那是钱给得不够多。"

安思远给我的印象是专业而精明，不遮不掩，但透着一股说不出来的"贼"。他的举止言谈有一股我们见不到的贵族气。那差不多是二十年前的事了，那时的中国人与外界打交道少，对外国人常常高看一眼，尤其这种派头十足的老外，唬住中国人是常事。我打听了一下，才知道安思远出身英格兰望族，他祖上是美国宪法首席执笔奥利弗·埃尔斯沃斯（Oliver Ellsworth）。父亲是牙医，早年移民美国，母亲是

中国古代门窗展厅　观复博物馆

位歌剧演员，所以他从小就受到极好的艺术熏陶，长大后在纽约富兰克林艺术专业学校学习建筑，学习之余，喜欢上了中国艺术，犹太人天生的经营头脑，让他不经意地赚到了第一桶金。其实早在安思远上学之前，他就喜欢在纽约的古董旧店中徜徉，凭借天生的聪慧倒手古董赚钱。

赚钱是小本事，大本事是看准方向。安思远二十几岁时去了耶鲁大学开设的汉语班。那时候全美国只有这一处可以学习汉语，老师是王方宇。王方宇，毕业于北京辅仁大学教育系，一九四四年去美国学习，后在美国哥伦比亚大学获硕士学位，一九五五年开始在耶鲁大学执教。王方宇先生在美国的汉学界声望极高，一九九七年谢世。安思远的中文名字就是王方宇先生起的，与他英文名字的发音差异极大，以至在各类场合，常有人跟他打听安思远是谁。安思远这个完全中国味道的名字，起得儒雅，为他的一生添彩不少。

安思远先生的汉语不轻易示人，许多跟他打过交道的人都不知老头曾学过汉语。他的确也是那种能听不能讲的汉语，也许正是这种能听不能讲的汉语恰巧帮过他的忙，他就索性不讲汉语，让一些以为他不懂汉语的商人在他面前轻易说出心里的秘密。据说有的古董商与安

左起安思远、王立梅、启功　2000 年　北京

思远结伴做生意，当着老头的面和他人商量价格，老汉听个仔细而他们浑然不知。有一个古董商对我说，安思远懂汉语也是他好多年后才知道的，那是安思远喝酒喝大了，一高兴就说了几句汉语，他当时听得张口结舌，估计以前当着他说的汉语有冒犯之处，价格的漏底就更不说了。回头一想，这生意做得真是可怕，信息单向输出，他们还自以为聪明。安思远不动声色的得意和钱都乖乖地进了自己的钱包。

安思远在美国的中国文物界声名显赫，他又大方又小气，大方是一生没少捐东西给博物馆，小气是做生意斤斤计较，轻拿重放，轻拿乃买之便宜，重放乃卖之昂贵，精于算计且精于门道。我的一个朋友和他很熟，当年在美国读书时一个人跑拍卖行，因为囊中羞涩，喜欢的东西买不起，就挑最便宜的买。上世纪八十年代碑帖跌落至谷底，老一辈藏家相继故去，后继无人，新一代西方藏家根本弄不懂这"黑老虎"，我朋友自幼临帖，又有家学，所以对碑帖略知一二。今天看当年的书画拍卖价都叫白给，可当时中国人谁也不趁大钱，只好在便宜中选便宜，碑帖没人要，他就买了几件。

安思远走过来问他为什么买这个，他回答说这是中国人临帖的"圣经"。这一句话安思远就听懂了，他随即说，以后碰见好的你若不买帮我买，我付佣金，不需要问我价钱，买下为止。我朋友读书的那几年日子过得宽松，就与为安思远做顾问买碑帖有关。许多人不理解安思远为什么买这自古最难弄的"黑老虎"，安思远也不置可否，一笑了之。

数年后，一九九六年秋，安思远先生携法帖之祖北宋拓本《淳化阁帖》四、六、七、八卷来北京故宫展览，当时前辈大家都健在，启功先生欣喜若狂，说见此帖足慰此生矣。据说安思远当时希望故宫用文物来交换此帖，未果。最后在王立梅女士的斡旋下，上海博物馆斥资四百五十万美元收藏于馆，一时传为佳话。此事前后折腾十余年，一直到入藏上博，荣归故里，我那朋友才长出一口气对我说，老头真是有眼光，当年这四卷分几次买到的，总共才二十几万美元，今非昔比啊，老头厉害！

安思远的眼光超前还不止这一件事。早在一九六〇年，他就开始注意收藏研究中国古典家具。我在安思远先生纽约的家中，坐在他的黄花梨明式圈椅上，脚下是龙纹宫廷地毯，青铜器石佛像陈列屋中，俨然一座小型博物馆。安思远先生特喜欢饮酒，尤其晚年几乎杯不离手，威士忌是他的最爱，以致谣传他嗜酒成瘾。实际上是他患有遗传性类风湿关节炎，靠饮酒镇痛，这病痛让他晚年过得不算愉快。我当时并不知道他饮酒为镇痛，只以为饮酒是绅士范儿。在美国坐在中国明式家具上饮洋酒，再谈论中国家具，真是有些中西结合的感觉。我询问安思远先生他的大作《中国家具——明代与清早期的硬木实例》（*Chinese Furniture*），这是他一九七一年写的，比王世襄先生的《明式家具珍赏》早十五年，与德国人艾克一九四六年的《中国花梨家具图考》并称研究中国家具的三座里程碑。当时此书尚没译本，老版也十分难买，在朋友的帮助下我才淘了一本初版，但忘了让安思远先生签个名，留下一个遗憾。

安思远先生一生经商，乐此不疲。二〇一二年，他敏锐地发现中国人开始收藏铜镜，毫不犹豫地将他收藏多年的七十余面铜镜交付佳士得拍卖公司，结果拍出了历史的高价，几乎全部由中国人买去，后来铜镜价钱马上下跌，这批东西都是他几十年来搂草打兔子——捎带手买的，没花什么钱，最终有个好结局，这让老头很欣慰。

安思远做买卖轻拿重放形成他的风格，但他捐献也毫不含糊。纽约大都会博物馆中国馆的许多展品都为他所捐，一九八五年他捐给华

［宋］《淳化阁帖》　上海博物馆藏

《淳化阁帖》局部

盛顿弗利尔博物馆二百六十件书法作品，他还捐给耶鲁大学一批东西，以答谢他的恩师；对中国，他毕竟接触了中国文化这么多年，有了感情，对安徽民居的修复多次捐献，并亲赴实地考察；最富戏剧性的是二〇〇〇年，他在香港古董店购买了一件五代武士俑浮雕，后来发现是河北省王处直墓被盗之物，马上主动无偿捐献给中国政府，现藏国家博物馆。

美国有一个国家机构，负责遗产或捐赠艺术品事宜，一共有五人，其中四人都是博物馆的馆长或专家，而只有安思远是个商人，这个机构全称叫：美国国家税务局艺术品捐赠审核委员会，凡是遗产与捐赠艺术品的，必须通过这五个人的评估，照章纳税后方可执行。由于安思远先生个人的经历，加之没有亲属及后代这一客观条件，安思远先生获得了这一社会殊荣。

安思远先生走了，殊荣都变成了文字载入史册，我和他有限的几次接触感触并不深，还不如在新闻媒体和这个行业中听说的故事多呢！老一辈古董商对他的描述往往都带着说不出的醋意，认为他发了大财，地位又高，名利双收，尤其中国的同一代人在能发财时社会没给机会，愈发愤愤不平；新一代古董商对安思远都是一副钦慕之情，恨自己未

[五代] 石雕王处直墓道门武士俑　国家博物馆藏

生在那个满地捡漏的时代。实际情况也的确如此，二十世纪不要说五六十年代的美国，就是七八十年代的美国，每次拍卖会上都有十分便宜的国宝出现，遍布纽约的大小古董店里，随时都可能出现一个今天看来是天漏的宝贝；只是时过境迁，美国还是美国，中国可不是过去的中国；纽约还是纽约，可古董商不是过去的古董商，个个都已练成火眼金睛，遍地捡漏的时代一去不复返了，只是文物教父安思远已长眠于斯，不再有快乐与忧愁。

2014 年 8 月 12 日夜

何太陈淑贞

1940.7~2014.12

何太在香港古董界有股子仙气，跟
一般古董商保持若即若离的关系。
大凡古董界的大事都少不了她，她
总是刻意打扮，盛装出席，举止言
谈得体，在香港古董界算一面旗帜。

北京冬天的傍晚天显得特黑，每条路都堵车，行进拥塞缓慢，视野内都是汽车暗红色的尾灯，形成涌动的河。我坐在车中昏昏欲睡，忽然手机响了，朋友催促说："快看短信！"

我打开手机搜寻短信："昨天早晨，香港藏界行家陈淑贞（何太）离开人世。"她所藏高古瓷器两月前以"奉文堂"名义在香港邦瀚斯拍卖行专场拍卖，物聚财散，财聚物散。谁知不足百天，何太撒手人寰，驾鹤西归。

何太是陈淑贞的官称，我认识何太二十几年都不知她叫陈淑贞。两个月前她的藏品专场拍卖，我才注意到她的本名，很普通的名字。何太在香港古董界有股子仙气，跟一般古董商保持若即若离的关系。大凡古董界的大事都少不了她，她总是精心打扮，盛装出席，举止言

年轻时的何太

谈得体，在香港古董界算一面旗帜。

　　我热衷于香港荷里活道淘宝还是二十世纪八九十年代的事情，长长的一条街逛上一天也遇不见一位大陆来的人，所以我就成了另类，一张口京腔京韵引起何太的注意，何太见我第一面就刨根问底，十分惊奇我的到来。我那时三十冒头，不老不少，岁数大的女人喜欢和我聊天。何太见我没几分钟就说：我请你吃饭，走走走。

　　当时我很高兴地跟着何太去吃饭，在哪儿吃的、吃的什么都回忆不起来了。后来我琢磨为什么一见何太就感到很亲，思来想去还是因为语言的关系。何太在台湾长大，说得一口字正腔圆的国语，没有电视电影中台湾人常有的台湾腔。这在当年广东话通行的香港听着如沐春风，十分受用。我和何太边吃边聊，渐渐了解了她的一些身世。

　　何太的现任丈夫叫何安达（Anthony Hardy），所以何太叫何太。但是我认识她时她还不是何太，我也只叫她的英文名字苏珊（Susan），没注意过她的姓氏。何太是后来大家对她的称谓。说来都是故事，苏珊的前夫是当年美国驻台湾的外交官，家在台北的阳明山。苏珊那时算是外交官夫人，陪着丈夫逛逛古董店看看博物馆，就算是生活了。

我与何太　1996 年　北京

中国人了解中国文物得天独厚，所以苏珊就成了丈夫收藏的助手。再后来，她丈夫被派到香港领事馆任职，逛古董店的机会就更多了，苏珊就更显得如鱼得水。本来生活按部就班，谁知丈夫先她而去，苏珊调整了许久才缓过来。后一任丈夫何安达就在此时进入了她的生活。

其实在这之前苏珊就认识了何安达。何安达是英国人，有一半奥地利血统，一九六〇年就到香港工作，这辈子基本算是在香港度过的。英国人古板，一辈子就在一家公司干。一九六〇年，二十岁的何安达到香港加入香港华林船务运输公司，兢兢业业，从底层做起，直到三十年后他成为这家集团公司的总裁，并成为该公司的最大股东。何安达尽管是香港通，但对中国文物的理解还是隔着一层，苏珊经常帮助他，丈夫去世后，两个人来往多了，心照不宣，成就了后来的一段佳话。

苏珊正式成为何太之前，何安达还是有妇之夫，一个东方女人和一个西方男人相遇本身就是故事，何况中间还有障碍。二十世纪末，在香港的古董界或者说在香港海运界，或者说在这两界乃至延伸到其他界发生了一段顶级八卦新闻，何安达与苏珊私奔了！跑到美国登记结婚，苏珊从那一天起正式成为何太。

[汉] 铜错银瑞兽纹杯　奉文堂旧藏

　　这些都是古董之外的事情。我每次见到何太都是在各类拍卖会或古董交易会上，何太每次都优雅地与人打招呼，嘘寒问暖，趁着阳光寻个视野宽阔的地方喝杯咖啡。她对古董的判断与香港大多数古董商不同，从不谈论价钱，只谈艺术品位，有点儿不食人间烟火的意思。从这点上看，何太经济宽裕，受过良好的教育，她对我在大陆办博物馆总是好奇，老是问我如何坚持下去的。她说香港这地方有的是钱，但办一家博物馆也没那么容易。她先生何安达是香港海事博物馆重要董事，夫妇俩捐过许多文物给海事博物馆，她说就是这家博物馆，那么多人资助仍旧缺乏资金，捉襟见肘。不知你怎么弄的博物馆？

　　我知道我怎么说都不可能解释清楚我是怎样将博物馆办成今天的样子，绳锯木断，水滴石穿；聚沙成塔，集腋成裘；这些现成的成语最能将问题说清楚，说其他都是白费。何太听着听着就笑了，看着窗外景色说，真懂古董的人不多啊！

　　前年我隐隐约约地听说何太病了，听说别人病了一般都是大病，我也没敢多想。大约有一年多的时间没见到何太。去年春天在英国伦敦参加一个艺术博览会，闲暇时朋友带我去逛伦敦著名的旧货街。那是一个周末，人头攒动，熙熙攘攘，忽然人群中有人大声呼唤我的名字，循声望去我竟一下子没认出来是谁，而对方特别高兴，我才恍然认出眼前这个白发苍苍的老者就是我印象中雍容优雅的何太！世事沧桑，人生流水，岁月真是无情啊，风刀霜剑严相逼。

那天，我和何太及她先生何安达在路边合了一张影，并祝愿她早日康复，分手之后我还远远眺望他们夫妇消失在人群中的背影。直到接到噩耗，我才把这张珍贵的照片翻拣出来，忽然发现何太的右手挎着我的左臂，而她先生却独自微笑站着……

我和何太的交往在这张照片之后就成为历史，何太先朋友们而去，她的奉文堂成功拍卖是她人生的最后绝响。死亡是每个人的生命终点，却不是目标。我们作为凡人只在乎途中的风景和缘分，风景永远会是风景，而缘分可能擦肩而过。此时我与何太已阴阳两隔，但终究能再次相遇。

2014 年 12 月 11 日

我与陈淑贞、何安达　2013 年　伦敦

风骨俞伟超

人是有命的。命是前世定下的，改
不了，能改的最多是运。俞伟超先
生命硬，两次求死惨烈至极却又奇
迹般地活了下来，按老话说叫"命
当如此"。

每次与俞伟超先生握手时心里都会忽悠沉一下，有种说不出来的感觉。他坚实的手掌上没有食指，握手的瞬间会让你感到他的手很小。令人惊奇的是他的左右手的伤残非常一致，都是食指齐根缺失，他聊天时不停挥舞着伤残的手，让你无法集中精力，因为他的手实在伤得奇特。

俞伟超先生与我母亲同岁，都是一九三三年出生。我认识他时他已是中国历史博物馆馆长。中国历史博物馆是今天中国国家博物馆的前身，一九五九年新中国成立十年大庆落成的新中国十大建筑，与人民大会堂隔着天安门广场遥相呼应。早年喜欢文物的日子里，我常去中国历史博物馆，中国通史陈列室的每一细微变化我都会发现。我特别喜欢中国历史博物馆门前的大台阶，每次踏上台阶前往展厅都有神圣之感。早先只知道馆长叫俞伟超，考古学家，没想到有一天能与俞

俞伟超　1990 年代　北京

伟超馆长相识。

第一次见到俞伟超馆长是在一次文物会议上，人多而杂。我坐在一角，远远地看着前排就座的俞伟超馆长。因为有桌牌，才让我把馆长与俞伟超先生本人联系起来。俞伟超馆长还发了言，内容不记得了，但给我一个印象是俞馆长专业娴熟，不是一个行政干部。

休息的时候，我特意上前与他打了招呼，他主动伸出手来，我第一次与他握了手，握住他缺失食指的手心中很震撼。我和他说了几句客套话，很快就被旁人打断了。我很扫兴地走到一边，那一年我不到四十岁，俞伟超先生年届六十。

俞伟超先生在我出生的前一年就到中国科学院考古所工作了，他那时才二十一岁。伟超先生考上北大历史系时年仅十六岁，搁今天也算个轰动的高考新闻了，北京大学的文科令人高山仰止，历史系乃文科的重中之重。一九五七年俞伟超先生又返回北大攻读研究生，毕业后留校任教，成为考古学、先秦两汉史的著名专家。

就是因为"神童专家"之名的拖累，俞伟超先生没能躲过"文化

俞伟超等人在河南渑池班村遗址留影　1991 年　河南

大革命"初期动荡中的一劫。那一劫对后人几近说不清楚，能说清楚的是北大历史系在一九六六年"文革"爆发后，至少有包括系主任翦伯赞夫妇在内的五位学者自杀身亡。伟超先生当时三十余岁，尚算不上"反动权威"，但不因此可以逍遥，仅在"文革"最初的日子里，风声鹤唳，黑云压城，初夏的一天，俞伟超先生遭受不近人情的批斗后，自己回到房间，决定以结束生命表示抗议。他选择了触电谢世的方式，将两股电线终端剥去绝缘层，在自己的左右手食指上层层缠绕，直至不见指头；他毫不犹豫地将电源接通，强大的电流瞬间将其击昏过去，左右手的食指因为电流太大，齐刷刷地如刀切般断掉，但这次电击对伟超先生的伤害仅止于此。当他在医院醒过来时，没有人知道俞伟超先生心里在想什么，哀莫大于心死啊！

按说求死之人如能不死，往往会重新思考人生的意义与价值，可选择另外一条路。可俞伟超先生去意已决，待他身体稍微恢复之后，他一个人趁黑走出北大校园，到邻近的清华园火车站，选择了一段僻静的铁道，卧轨求死。这一次，上苍再次睁眼相助，火车司机看见了卧在铁轨上的他后紧急制动，加之火车头前面设置的铲形挡板，缓缓将停的火车头将俞伟超先生铲出上百米，他虽没死，但臀部大腿肌肉严重撕裂挫伤，卧床许久。

人是有命的。命是前世定下的，改不了，能改的最多是运。俞伟超先生命硬，两次求死惨烈至极却又奇迹般地活了下来，按老话说叫"命当如此"。这段历史最初我是听说的，东一句西一嘴的，连不成故事，直到有一天我们参加一个会议，会务组鬼使神差地将我与俞伟超先生分在一间房里，这才让我有机会近距离与先生聊了两天。

我拿到钥匙先进的房间，俞伟超先生迟迟未入住。这让我心里不免还有几分惆怅，一个人躺在床上看书。此时门铃响了，我拉开门看见俞伟超先生独自一人拎着一个纸提袋走了进来，他进门就说："咱俩一屋，正好聊天。"虽然我与俞伟超先生已经认识了，但仍有生疏之感。他当时已是中国历史博物馆馆长，高高在上，而我只是个游离国家系统之外的散兵，还背负着私人博物馆这样一个负面大于正面的"美名"，我担心俞伟超先生一辈子都在国家最高文物系统中工作，瞧不上我们这等体制外的人。

俞伟超先生放下包就点烟，礼貌性地问了我一句："能抽烟吗？"我说："我不抽，也不介意。"我说的是心里话，我从不介意别人在我跟前抽烟，从小习惯了。俞伟超先生告诉我说："我让会务组把我俩分在一个房间，能好好聊天。"我一怔，这才弄明白为什么我一个白丁会和俞伟超馆长分在一个房间里。

俞先生烟瘾真大，尽管我不在乎，但小屋里一会儿就待不住了，只得开窗。俞先生属于那种一根火柴管一天的烟民，头尾衔接，一根接一根，他那残疾的手在吸烟过程中特别扎眼，想不看都没办法。你想想啊，两只手都失去食指，掌心显得特大，手显得特怪，但俞先生显然早就适应了残疾之手，烟夹在左手中指和无名指之间，点烟时右手中指与拇指配合划火柴，他知道我在看，头都不抬地说："谁都想知道我这段过去的历史。"

我说什么？我怎么说？伟超先生在我心中是前辈，是学者，我们连跟随其脚印都不够格，只有远远观望，看潮涨潮落，任斗转星移。我老说我们这一代人是最幸运的，没赶上上一代人的腥风血雨，只吃了能承受的苦，还强了筋骨，锻炼了意志。所以我说："我不想知道，怕您伤心。"伟超先生听见我这句话大笑，连烟都掐灭了，他咳嗽不已地说："每个人都有不为人知而自己知道又不愿意说的历史。"他伸出双手继续说，"这仅是能看得见的表面，这里是看不见的。"俞先生拍着自己的胸脯。

在那次专业会议上我只是一个旁听者，三天会议住了两个晚上，两个晚上我们东一句西一句地聊到哪儿算哪儿，心里没有芥蒂，也没有禁忌，像父子般地聊天。我尽可能地请教些专业问题，他老是好奇这世道的变化，对社会的许多现象大惑不解。

后来会议一散我们就各奔东西了，他忙国家大事，我忙个人小事，能碰面大都是各类会议或活动。那时个人信息系统不发达，联系也就不多。老派的写信时代翻篇了，新媒体大家还都不适应，在这青黄不接的日子里，一天我得到俞伟超先生去世的噩耗，当知道先生年仅七十周岁，不禁仰天长叹。

本来我与俞伟超先生跟前隔着条河。我不会水，不管河之深浅我都不会去涉水而过，眼巴巴地瞭望着河对岸的先生；谁知先生大人大量，涉水向我而来，他不因我是后辈是非专业人士而远离或看不起我，而是以海纳百川的胸襟，不以人之卑而自高，接纳了我们小辈后来者。

本来文章可以终结于此了。有一事我不知当说不当说，我想俞伟超先生的在天之灵或许比生前更能豁达看待此事。先生在那个风雨如磐的岁月自杀两次未果，这惨烈行径无论想不想愿不愿都记录在册，先生失去的左右食指自那个夏天就伴随着他及他身边的所有人，昭示着不想说出的真相；但仍有一个天大的秘密为世人不知，在我们共同度过的那个夜晚，关灯之后，俞先生点燃一支烟，说："谁都知道我自杀过两次，电击卧轨都未能见到阎王，那两次虽未死但身心所受伤害如同死去一般。其实我还正正经经死过一回，那次几乎都见到阎王爷了，窒息时的恍惚让我都看见了蓝光，灵魂出窍的一瞬间，绳子断了，我摔落在阳台上，独自一人由昏到明，心想，虚死不如立节，于是掸掸身上的土就站起来了。从那天起我就断了自杀的念头。"

庄子说：人之生也，与忧俱生。道家对待生死态度超脱。不敢想俞伟超先生有如此忧患意识，不惜以死与世道相拼。我猜想，那一夜，满天星斗，俞先生手抚断绳，再看自己伤痕累累的身体，忽然间开化，一道闪电划过：以无明灭故，心无有起；以无起故，境界随灭；以因缘俱灭故，心相皆尽；那一刻一定从俞伟超先生躯体内脱胎而出腾空而起一只火凤凰，让他得以涅槃。

2016 年 2 月 9 日夜

播音员方静

1971.6~2015.11

方静身上有一股自矜之气，说话时尤甚。你看她的播音最能感受到的是不卑不亢，字正腔圆。最神奇的是她的英语极好，当年是放弃了保送外国语大学英语系的机会去考北京广播学院的，可见她对播音这行爱得有多深。

得到方静去世的消息很突然，起初多少还有点儿怀疑。这年头，什么消息都可能是假的，前些日子就有朋友错发朋友去世的消息，后来又忙不迭地道歉，搞得谁都不愉快。可这回消息被证实是真的，让人愕然。

方静今年五月份还出了镜的，我隔空看她，脸上丰腴一些，珠圆玉润的，心说她总算走出了阴影，谁知时间仅过了半年，噩耗传来，方静独自一人踏上西归路，在媒体网络如此发达的今天，这消息竟然迟了二十天。方静有遗愿，尽可能不给大家添麻烦，所以后事低调处理，消息迟到。方静的几位同事都发文悼念她，亲近的人最能感受英年早逝的惋惜。四十四岁，人生最美的夏天，既有经历了风雨的绽放，又有饱蘸了青春的滋养，女人不到夏天还不能称之为女人，春天的女人

方静　中央电视台 1997 年香港回归直播

也就是个小女子呢!

方静就是小女子时来采访我的，那年她刚刚调到中央电视台，具体怎么联系的我记不住了，反正那天接受了她的采访。二十年前的中央电视台名声如雷贯耳，网络那时还什么都不是，今天无所不在的强大网络那时如蛛丝一般在视线中可有可无，而堂堂的中央电视台以挟泰山超北海之势席卷一切，眼前这小女子竟是其中一员。

方静当时举止沉静，看着比实际年龄大，这条件对恋爱不好，但对采访很好。被采访者往往对年轻幼稚的采访人员不屑，心中只要不屑，这采访注定好不了。方静给我的感觉是有备而来，问答之间自如流畅，于是采访顺利结束，顺利播出。

播出以后没多久，方静很高兴地打电话告诉我说，节目获了个奖，究竟是什么奖，内部的还是外部的我也没搞清楚。方静说第一次独立做节目就获了奖，要谢谢马老师。我当时心里还纳闷呢，怎么这么巧，采访那天方静可没说啊，而且我看她那娴熟的样子也不像第一次做节目。我就礼貌地说了不客气、大家共同努力之类的客套话，一别多少年。

后来有一次在三里屯酒吧街，小资情调的一间酒吧里，晚上灯光暗淡，我和朋友坐在一角聊天，远远看见另一角落影影绰绰有几个人也在闲聊，其中一个女子大波浪头发很是显眼，我就瞟了几眼，黑暗的灯光下多少也有点儿眼熟。结果女子径直走了过来和我打招呼，是方静。她说：马老师还记得我吗？我说当然，我记忆好着呢！随后就是常规寒暄你好我好大家都好。

方静身上有一股自矜之气，说话时尤甚。你看她的播音最能感受到的是不卑不亢，字正腔圆。最神奇的是她的英语极好，当年是放弃了保送外国语大学英语系的机会去考北京广播学院的，可见她对播音这行爱得有多深。我对英语好的人都高看一眼，原因是我早年学过一天英语，一堂课老师就教一句话，必须大声念出来：Workers of the world unite！（全世界无产者联合起来！）这句英语我一堂课都没能听清，当天就知道自己不行，彻底放弃了英文。

后来的某一天，忽然听到方静身陷"间谍门"，这让我吃了一惊。我们这一代人都有间谍情结，一说间谍就兴奋，就滔滔不绝，什么民国时期的国共相互渗透间谍；间谍老大戴笠；日本谍战川岛芳子；美国间谍、英国间谍乃至台湾间谍……还有各类谍战故事片，最牛的是双面间谍，拿两份钱干一件事。

可怎么这事与方静扯到一块儿去了呢？"间谍门"沸沸扬扬折腾了许久，媒体都乐此不疲参与其中，一副唯恐天下不乱的样子。但始终也没见方静出来澄清什么。她不出来澄清，谣言就会满天飞，说得还有鼻子有眼的。直到有一天，方静突然给我来了一个电话，问我一个节目能否帮忙，我一边接电话一边在想，生活在谣言的世界里多么可怕。

今年五月九日，俄罗斯在莫斯科红场举行胜利大阅兵，这正是我们准备反法西斯胜利七十周年大阅兵的前奏，所以媒体特别关注，久未公开露面的方静担任了实况转播主持人，一贯沉稳的风格让久别变成一瞬。折腾了几年的"间谍门"到此就戛然而止了，谁再说什么就是智力问题了。

我手机里还保存着方静给我留的电话号码，听到她的噩耗时我还搜索出来看了看，我也不知道为什么要看这个冰冷抽象的电话号码，人已去天堂，这号码还有何用？我忽然觉得，人生就是这样，生与生

方静　2010 年　罗马

之间，抽象可以变成具象，可以让冰冷变得温暖，反之也可以让温暖
变得冰冷；而生与死之间，具象也渐渐变得抽象，什么都不清晰，不
再有冷暖；比如，和方静最后一次通话是何年何月何日，双方又在何
地呢？

　　愿方静天堂安息。

2015 年 12 月 7 日

作家刘绍棠

1936.2~1997.3

绍棠先生成长在北方农村——儒林村，一条流淌的大运河不仅仅从村中穿过，更重要的是从他心中穿过，所以他的乡土小说特别引人入胜。

今天的年轻人知道刘绍棠先生的恐怕不多了，这才过去几年啊！当年红极一时的绍棠先生中年而殁，走得太急且太早了，没能看见二十一世纪的社会变迁。

我上世纪八十年代初调入中国青年出版社文学编辑室，社会百废待兴，尤其文学界经历"文革"的重创，一片凋敝。当时迅速复出的作家基本上都是一九五七年的右派，王蒙、刘宾雁、从维熙、邓友梅、刘绍棠、张贤亮等等，每个人都有轰动社会的力作。刘绍棠先生在所有右派作家中年龄最小，划为右派之时年仅二十岁，一九七八年平反摘帽子时人刚到中年，四十一岁。我小时候的印象中右派都是比爷爷年纪还大的人物，怎么二十岁的人也能当上右派呢？

绍棠先生是北京通州人，一九五〇年十三岁时就发表了作品，

刘绍棠　1980 年代　北京

被誉为神童。当时的教育远不及今天普及，罕见神童，他十四岁上高中时又连续发表了小说，其中《青枝绿叶》还被编入高中课本。一九五四年，他十七岁被保送北大中文系，他发现大学课程对于写小说帮助不大，一年后就退学了，此举给他留下了祸根，有作家认为他蔑视北大。虽然他后来成为中国作家协会最年轻的会员，仍不能给他带来福音。那时的作家协会会员算是一份殊荣，入会很难。

一九五七年，二十岁的刘绍棠不知深浅地写了些批评文章，加之又写了两篇有人不乐意的小说，一九五八年午暖还寒时刻，他被划为右派，下放劳动，一去二十年。对于右派，能否摘帽成为他们的心中之痛，一九六三年刘绍棠先生被摘去右派帽子，轻松上阵没几年，又爆发了"文革"，他识时务地自我流放至老家儒林村。

《蒲柳人家》发表于一九八〇年，影响之大如同今日最红的电视剧。街谈巷议，人人在说《蒲柳人家》。我在文学编辑室，阅读是必须的;《蒲柳人家》写的是绍棠先生家乡——大运河，今天已改区并成为北京城区了，想想都有趣。我小时候要去一趟通县也算得动静不小的出门呢!通县人进城都说上北京。没承想今天居然变成了城区，来去自由方便，一座城市也能给人暴发户的感觉。

刘绍棠为读者签书

　　我喜欢文学的时候没想过有机会能见到作家本人，到了出版社，看见那些原本印在书上的名字现在是活蹦乱跳的真人，很是让我兴奋了一阵。那时大作家都由大编辑接待，普遍都是成双成对的感觉，别人插不进手。我耳闻目睹编辑们为抢作者争风吃醋的事端，总是感到知识分子的可怜。当时我在全出版社年龄最小，身份最低，每天打开水拖地是必修课，如同僧人修行。大作家来编辑部都会忽视我们的存在，跟我谈得来混得熟的都是同龄作家，当时也都没地位，因为经历相同，沟通就容易。

　　编辑工作是我的主业，副业写点文章补贴家用。那个年月的人是没有外快的，拿死工资，按年龄大小发放，有本事的最多比别人多个十块八块，所以写作勤快的人手头总是富裕一些。可是稿费低，千字十元甚至八元执行了很长时间，写个短篇小说弄个百八十元，长篇小说特难发表，周折也多，所以那时作家特愿意写中篇小说，发表后能得一笔算是像样的钱。

　　我业余时间写了一个中篇小说《记忆的河》，写的是我在北京郊区农村插队的事情，原来五万余字，发表时让编辑砍去两万字，让我对稿费心疼了许久。小说发表后的一天，我收到一封信，打开一看，字写得舒张大气，落款居然是刘绍棠！大意是看了我写的《记忆的河》，小说中描写的那群知青与他在儒林村见到的知青一样，希望我去找他聊聊天。信上留有他家的地址，北京市西城区光明胡同45号。那天下班后，我怀揣着那封信，骑着车去见刘绍棠先生。

那是个夏天，昼长夜短，下班时太阳还老高呢！我上下班的方向东去西来，都迎着阳光，夏天的朝阳和夕阳唯一的不同是晚上热点儿。我骑得一身汗，那时街上也没有卖水的，直到找到刘绍棠先生的家，已渴成沙漠中的骆驼。

绍棠一身短打扮，和尚衫大裤头，我进门后他先是大声招呼，接着一阵震耳的大笑，一大壶酽茶马上倒满一杯，说："先喝，正好喝，解暑。"我驴饮一杯，他马上又倒满一杯："再来一杯。"直到我把壶中凉茶喝光，才话入正题。

刘家小院房子不多，院子还算宽敞，没北房，在北京的四合院里，北房算正房，没北房的院子不能算好院子。院子里有几棵很粗很高的枣树，树上挂满了青枣。过去住老北京的四合院，初夏的枣花香、入秋的打枣都是生活中极大的乐趣，所以鲁迅先生写自己的宅子时开篇就写枣树。枣子这东西不到日子没法吃，无味还艮，但挂在树上很耐看，尤其枣多挂在树梢上，风吹时如小铃铛乱晃，煞是喜人。

绍棠先生身宽体胖，声若洪钟，一看就是那种口无遮拦的人。在中国的传统文化中对这种人赞赏有加，但实际生活中这种人极易引起负面效果。我估计绍棠先生划为右派就是因为这张嘴，不得罪事也得罪人，在中国得罪人也就算得罪事了，所以"最年轻的右派"帽子就扣在了他头上。福祸相倚，因为祸，刘绍棠先生又返回了生他养他的农村。一去就是二十年，而这二十年又让他得一福，能让他写出《蒲柳人家》等多篇乡土文学。绍棠先生挂在嘴边的话就是"为我那粗手大脚的爹娘画像"。

我就是个直来直去的脾气，绍棠先生更直来直去，我们爷俩相谈甚欢。他问了我插队时的情景，并说他们村的知青和我笔下的知青简直一模一样，我记得他说了一句：离开爹娘的孩子都成熟得快。我告诉他我一个军队大院长大的孩子离开父母去农村当农民的内心感受。那天，绍棠先生留我在家吃了饭，光顾说话了，把吃的什么忘得一干二净，也不记得喝了酒没有，反正直到午夜，我才从他家的小院走出，骑上车哼着小曲回了家。

今天的人不知什么时候都变得势利起来，凡事无利不起早。过去的苦，日子虽苦心里却甘，是因为每个人内心干净。内心干净是个多么难得的人生状态啊，只有丢了才觉得宝贵。我的前半生心里从没有不干净的时候，朋友之间即便吵架，都不过夜就烟消云散了；可今天，社会的场面上，每当有人和你勾肩搭背之时，你都可以感到在他心里藏着其他目的，明明在算计人，可嘴里仍抹了蜜，说着连自己都不信的甜言蜜语。可那年月没有，我也不会恭维绍棠先生，绍棠先生也不会居高临下与我交往，所以一见如故，没有开场白，没有客套话，也没有请客送礼的概念，一切顺其自然。

那年我三十左右，刘绍棠先生五十岁上下，虽然年龄差不大，但人生经历相差太多。"反右"的腥风血雨，"文革"的风卷残云，在他们那一代人心中都留有清晰的烙印，永远伴随着他们的人生。而我，"反右""四清"是听说的，"文革"在我眼中只是半个，童年时代经历"文革"所理解的最多是一半，尽管我在农村待过两年，但与农民对农村的感受还差着十万八千里。绍棠先生成长在北方农村——儒林村，一条流淌的大运河不仅仅从村中穿过，更重要的是从他心中穿过，所以他的乡土小说特别引人入胜。

　　可惜绍棠先生走得太早了。一九九七年春天，刘绍堂先生已经卧床多日，由于积劳成疾，年仅六十一岁溘然长逝，按他的好友作家从维熙先生的话说，"刘绍棠六十一岁去世，成为我们这代人心里难以弥补的伤痛。"我何尝不是呢？我虽和绍棠先生仅几面之缘，但他父兄一样率直的性格、豁达的人生态度给予了我强烈的感染，让我们晚辈有机会可以重新审视人生。所以我从不抱怨年轻时插队的苦难，吃不饱穿不暖睡不热都是人生的磨砺，都可以转化成人生的财富。

　　写此文时我翻遍了书房，也没有找到绍棠先生当年给我的亲笔信。在这个不知哪天进入的电子媒体时代，一封手写的信多么重要啊，况且是一个大作家无缘由无诉求地给一个无名的小编辑写的充满了情感的信，在那信中，有他的热情与期盼，有他的情感表达与流淌，还有他那看不见的赤子之心；而对于我，三十年过去了，我依然记得刘绍棠先生龙飞凤舞的字迹，记得那份让我没来得及亲口道谢的恩德。

2016 年 2 月 15 日　观复博物馆

大佬王季迁

1907.2~2003.7

在他的言谈中我渐渐明白了我眼前
这位老者就是大名鼎鼎的王季迁先
生，来不及表达敬意，老者一副随
意但又高贵的姿态，让我开始惴惴
不安。

王季迁先生在纽约中国书画界是大佬，一言九鼎。早年听到的他的传闻，他像高高在上的王者，我们如在台下观看一出经典戏剧。我与他老人家之间隔着千山万水，在他巅峰的时刻，他想看见我们都没有可能，原因是他老人家太高，而我们太低。

　　王老说起来算是清朝末年的人，生于光绪三十三年（一九〇七年），属羊。他五岁时两千多年的帝制彻底崩溃了，进入了民国时代。民国时代在中国历史上独特，军阀林立，占山为王，谁也不服谁的气，稍不如意立刻拔刀相向，三十八年的民国史，大部分时间是我们自己人和自己人打仗。

　　王季迁先生出身显赫，十四世祖王鏊是明代的"宰相"，其实明代已无宰相，只因为唐寅在王鏊墓前赠对联"海内文章第一，山中宰相

王季迁　1940 年代

无双"，才有祖上是"宰相"一说。王鏊自幼聪颖，八岁读经史，十二岁能赋诗，成化十一年（1475）得进士，入宫廷，算是成弘正三朝元老，官至户部尚书，文渊阁大学士。正德时太监刘瑾专权，朝廷内王鏊一人时常劝谏，因王鏊位高权重，又刚直不阿，刘瑾不听亦无办法将其铲除，依然我行我素。王鏊见大势无法挽救，辞官返乡，后十五年在老家苏州安享晚年，终不复出。

王季迁先生就是这样一个显赫的家庭背景，家学渊源，加之苏州地区自明朝以来都是温柔富贵之乡，子弟教养得高贵，琴棋书画无所不能；不少民国时期的收藏大家无一例外都有类似的出身背景。学画算是第一步，因家中收藏颇丰，观画便利，王老早年随顾麟士学画，后考入上海东吴大学又拜吴湖帆为师。顾吴二人的收藏在民国时富甲江南，给了王老很大滋养。一九三五年，王季迁二十八岁时就被选上故宫博物院赴伦敦展览审查委员，他借书画英文两者之长如鱼得水，仅五年后就与德籍美术史学家维多利亚·孔达（Victoria Contag）合著了《明清画家印鉴》，一九四九年，王季迁先生移居纽约，开始学习西画，这使他在未来国际中国书画领域上更有发言权。

一九四九年到一九八九年的四十年间，王季迁以其独占的天时地

我与王季迁　1994 年　香港

利人和将自己的收藏及学术水平推至峰巅。他身兼画家、学者、藏家、商人、顾问等多重身份，而美国社会也能宽容地接纳他的各种身份少有冲突。由于中国社会的严重动荡，大量的古代书画流往欧美，而欧美当时能对中国古代书画做出准确判断的专家极少，这就给了王季迁先生无限机会。王季迁先生的宋元绘画收藏，在全世界范围内，除故宫、大都会、大英等等国家级博物馆可以与之抗衡，其他少有比肩者。这样一位泰斗级的人物，我居然是在香港荷里活道街上碰见的，碰上时居然还不知老人家就是大名鼎鼎的王季迁。

那次去香港是参加一个重要拍卖，并顺便看一个展览。每次去香港荷里活道的古董街是必逛的，哪都可以不去，荷里活道不可以不去。我一个人从一家古董店出来时东张西望，没注意路边站着一位老人家，青布长衫，一脸祥和，手杵一根手杖。老者问我："大陆来的吧？！"我答应了一声，心说，大陆来的怎么啦？是不是很土？

那是三十多年前，香港荷里活道的古董店大都是为外国人所开，国内没人去买古董。当时出国的人都急于买三大件，条件好些的就奔了黄金首饰店，古董街根本不是国人来的地方。我站在街上可能显得扎眼，王季迁先生说：小伙子北方人吧？我说是，北京人，喜欢古董。

他说进屋喝口茶，我随他进了一家店，显然他和店主很熟，介绍我说北京来的，是朋友，借地聊会儿天。

王老说北京他有许多朋友，有的多年不见，不知是否安好。在他的言谈中我渐渐明白了眼前这位老者就是大名鼎鼎的王季迁先生，来不及表达敬意之时，老者一副随意但又高贵的姿态，又让我开始惴惴不安。

那一次会面在客套中结束，第二天我在展览上又遇见了他，王老说，昨日意犹未尽，一会儿午宴一起参加吧！那天看完展览后我就蹭了一顿饭，不知是谁买的单，饭局上认识了许多朋友，后来的聊天中又让我知道王季迁先生生活中鲜为人知的另一面。

在"中国古代书画"收藏界王季迁先生的"抠门儿"是出了名的。饭局上只要他老人家不在，笑料一定是关于他老人家的"抠"。最经典的故事是请王季迁先生吃饭，酒足饭饱之后他都会打包；有次吃完饭，王老回到家门口忽然要返回饭店，大家问老人家何事，老人家不说，执意要回去，大家只好陪他回去，到饭店只见人家已收拾完毕，老先生特认真地问：你们看见我落下的半盒洋火没有？

我听到这个故事时正值王季迁先生把他收藏的五代时期董源的《溪岸图》卖给美国大都会博物馆的日子，当时这张名画作价五百万美金。这个价钱今天听着不算太高，可是在二十世纪九十年代，这可是中国艺术品的世界纪录呢！后来不知怎么传出了《溪岸图》为张大千伪作，事件闹得沸沸扬扬，以致大都会博物馆在纽约特意召开了一场国际讨论会，专门讨论《溪岸图》是否伪作。一九九九年十二月十一日，那一天美国方面所有中国画专家悉数到场，北京方面有启功先生、傅熹年先生等书画界权威。这天可能是王老扬眉吐气的一天，《溪岸图》尘埃落定，尽管各方说法不同，但明白人都知道谁是胜算一方。王老手杖频频点地，一一与每个人打招呼，我向他问安，也不知他是否还记得我。

王老季迁先生在中国书画界是一个传奇。他以江南苏州人的心细，工于算计一生。他早年学的法律专业，英文与中文同样流畅，这是许多中国书画家及收藏家所不具备的条件。二十世纪五十年代初，王季迁先生刚到美国，没事在古董店瞎逛，看见一个犹太人的古董店里有一幅《朝元仙仗图》，询问主人，回答说是假画，假画的价钱王季迁也买不起，他只好提议用六幅画来交换。犹太商人不知有诈，高兴地完成了交易。事后当犹太商人发现了这张《朝元仙仗图》乃北宋武宗元

[五代]董源《溪岸图》 美国大都会艺术博物馆藏

真迹，遂将王季迁告上法庭，以欺诈起诉。

在法庭上，王季迁嫌贵不聘律师，亲自上阵自我应诉。法官问他知不知道这幅是武宗元真迹，王季迁答：我只知是幅老画，当时无法判断是否真迹。法官又问犹太商人：你懂不懂中国画？商人说我当然懂了，不懂怎么经营？美国法官有许多朴素的观念，当庭判王季迁胜诉，理由是一个开古董店又懂中国书画的人，那怎么会看走眼呢？

王季迁先生的《朝元仙仗图》至今还在他的遗产库里，他老人家去世后子女为遗产陷入诉讼之中，时间已逾十年。十多年来，王老的后人无法将王老遗存的藏品善后，分钱分物似乎都不妥当。人亡物在，物在情却不在，这些可能就是古人常叹惜的人生悲哀，呜呼哀哉！

2016 年 2 月 10 日下午

医者叶惠方

1916.7~2017.1

全中国最权威的妇产科专家叶惠方大夫竟然是第一位看见我来到这个世界的人，她老人家比我母亲还早见到我呢。我这个七斤二两、体长五十公分的婴儿，谁知道六十年后还能拿着鲜花虔诚地去看望她老人家，还能畅聊两个小时。

我一直对我的出生十分好奇，直到成年后的某一天与母亲闲聊，才知道我竟然出生在中国人民解放军总医院（301 医院）。想想我妈生我时待遇不错，在那个艰苦岁月，算是享了大福的。后来偶遇一位301 医院的妇产科医生，聊天中说我的出生病历可能还在，抱着试一试的态度，我托她帮助在医院病案室查找。很快有了消息，我出生的病历完整，为我接生的是叶惠方大夫，301 医院的妇产科主任，已退休多年，长寿健在。

　　这事让我十分欣喜，马上回家告诉了母亲。母亲说她不知道谁接的生，细节都记不清了，连我出生的时辰也模糊了，其他数据母亲更不知道，反正重量不轻，个子不小。母亲这样一说，反倒让我更加想见到我的接生婆叶惠方大夫。一打听，又掐指一算，叶大夫为我接生那年三十九岁，虚岁四十。叶惠方大夫的生辰记录是一九一七年七月，

叶惠方 1938 年 北京

实际上要早一年，抗日战争期间，协和医学院停课复课，阴错阳差地弄错了一年，后来也就将错就错了。人要活个八九十岁，多一年少一年无大所谓，可若是百岁老人，这一年就尤为重要了。

于是我暗自策划，等到我六十岁生日那天，只做一件事，专程去看望叶惠方大夫，感谢她为我接生。这事想想就兴奋，不是每个人都有这样的机缘的。日子一天天地逼近，直到二〇一五年三月二十二日的到来。那天，我买了鲜花，拿上我一套新书，在书的扉页上郑重地写道："感谢叶惠方大夫，六十年前为我接生。"我按约定时间叩响叶大夫家门，心中之忐忑之惶恐之兴奋只有我自己知道。

叶惠方大夫笑容满面地接待了我，她声音洪亮，目光清澈，一丁点儿不像百岁老人，她让我们坐下，又张罗着沏茶倒水，亲人般地与我聊天。我告诉您老人家，六十年前的今天，您为我亲自接生，接生的病历整齐干净，301医院的档案工作做得真细致，令人感动。病历上有"葉蕙芳"繁体字签名，推广简体字之后，叶惠方大夫索性将姓名中的草字头全部去掉，成了"叶惠方"。

叶大夫说，档案工作细致是协和医院的传统，301医院建院之初

林巧稚（中）与助手们合影，林巧稚左为妇产科护士长陈淑坚，右为妇产科总住院医生叶惠方

1949年 北京协和医院

就叫协和分院，当时协和医院各科室的尖子都必须一边一个。协和医院妇产科留下了林巧稚大夫，叶惠方大夫作为林巧稚的高徒，来到了协和分院妇产科。

　　叶大夫早在协和医院时，妇产科护士长把王振基先生介绍给她，两人结为秦晋之好。王振基先生留法回国后，在中国人民保卫世界和平委员会做翻译，曾经给周恩来总理担任过法文翻译。两人结婚后琴瑟和谐，育有一男一女。

　　百多年前学西医者多为信念，西风东渐，影响着晚清时期的中国。叶大夫的父亲叫叶培初，早年毕业于日本东京帝国大学医学院，就是现在的东京大学。日本明治维新成功后，东京帝国大学于一八八六年成立，这在当时的亚洲算是新生事物。叶培初先生在此就读，学成后回到了祖国，在广州开了私家诊所。这对叶家的子女影响至深，叶家的七个孩子都靠这家诊所陆续读完了大学，这在民国那个动荡的年代十分不易。

　　叶大夫告诉我，她父亲民国时在广州还积累了不少家产；几十年风风雨雨、利弊相随，"十年动乱"结束后，多处家产最终还是退赔叶

我与叶惠方　2015 年　北京

家了。叶大夫和兄弟姐妹对于祖上留下的家产，百感交集，最终一致
决定将其捐献给国家。这一高风亮节的举措，令多少人感佩，也令多
少人不解。可叶大夫云淡风轻地说，财产本来就是有来有去的，不必
过分挂碍。

民国初期，西医开始进入中国，北京建了两座著名的西医院，美
国人建立的协和医院，至今仍在；德国人建立的德国医院，建国后改
名北京医院；那时学习西医的费用不是一般人可以担当的，叶培初先
生由于学西医早，当年在广州救人无数，很有名气。他一生行善，常
常救济看不起病的穷人，这样的家风深深地影响着叶惠方大夫。叶大
夫资历老，享受军级待遇，却赤脚穿一双老旧塑料拖鞋，我看着很诧异。
北京的三月天气还是挺凉的，叶大夫却一点儿也不介意，她说她的脚
有毛病，早年得过小儿麻痹，"生让我咬着牙一步一步练好的，当年参
加工作体检时他们都没有看出来。"说这话时，叶大夫脸上笑得孩童一
般。

协和医学院建立不久，叶培初有机会从广州来北京参观，协和
医学院的教学、医疗和管理给他留下非常深刻的印象。女儿叶惠方
一九三四年考入燕京大学，他鼓励支持女儿选读医学预备系。医学预

备系是最热门的学科，是考入医学系的敲门砖，淘汰率可以用"惨烈"二字形容，选拔非常严格，入学时的一百多名学生最后进入协和学医的不到二十人。连聪明绝顶的文化大家王世襄先生当年考入医预系后，中途都被迫转去国文系。叶大夫回忆说，同窗王世襄上学时就特别贪玩，上课时还玩蝈蝈，令她印象深刻。

那天与叶惠方大夫的相见如梦如幻，我自己觉得特别神奇，回到家马上写了一篇博客，上传后与亲人熟人生人一同分享，几十万的点击，上千余条的祝福，让我知道人生的神奇更多在于缘分，全中国最权威的妇产科专家叶惠方大夫竟然是第一位看见我来到这个世界的人，她老人家比我母亲还早见到我呢。我这个七斤二两、体长五十公分的婴儿，谁知道六十年后还能拿着鲜花虔诚地去看望她老人家，还能畅聊两个小时。我告辞时，叶大夫执意要把我送到电梯口，说欢迎我再来家里聊天。

我与叶惠方大夫年龄相差近四十岁。这四十年是中国近代史上最动荡的四十年。某种意义上说，叶惠方大夫是我奶奶辈的人，他们经历了民国时期的社会动荡，经历了新中国建立初期的艰辛；而我们则生在新社会、长在红旗下，与他们相比，知甜不知苦，知新不知旧，看见的世界在他们那一代人眼中顶多是半个。如果事物只看见半个一定看不透，所以对甘苦、荣辱乃至生死的看法，我们与上一代人相差何止千里万里，中间还有天堑鸿沟。

两年后有天录一场节目，其间一个小伙子说他是叶惠方教授的研究生。他告诉我说，叶大夫让他带话，如有时间欢迎去找她聊天。我实在有些惊讶，叶大夫在我心中高山仰止，正军级待遇的权威专家，接生过婴儿无数，救死扶伤无数。我去看望她老人家时她已年届百岁，竟然还能记住我。前年我去看望她老人家，似乎更多的是满足自己的心愿，揭开自幼心中的谜团。我想我真的应该再去看望她老人家，心想着等到春暖花开之时……

今天早上打开手机，几条同样的信息相继闯进来，告知叶惠方大夫昨夜仙逝。一百零一岁的高龄驾鹤西归，应该是一幅动人的画面，叶大夫笑容可掬地向这个世界告别，以她精彩的一生向后人昭示生命的质量与人格的魅力。她老人家去年夏天重病一场，坚持不住院、不治疗，顺其自然；在所有人为她担心之际，她又挺了过来，竟然又能下楼散步，与人打招呼了。就在她生命的最后几天，她静静地待在家中，一切按部就班地进行。她事先立下遗嘱，病重也不治疗，不抢救，不

我与叶惠方　2015 年　北京

占用宝贵的医疗资源,死后将遗体捐献。即便在她老人家走的当天上午,她仍然婉拒医院希望在家里为她输液的要求,夜深人静之时,叶惠方大夫安详地心无挂碍地走了。

中国人讲究五福,一寿、二富、三康宁、四攸好德、五考终命。五福的最后一福就是善终;一个人如果能寿过百年,心无挂碍,安详心静地回归道山就是善终;尤其是在善终时凸显人格魅力,将百年人生化为一瞬,而这一瞬又让更多的人理解生命的含义,释放出人性的光芒。

叶惠方大夫人生过百,一生为医,救困解厄,医者仁心;我们后辈大悲至大喜,似乎有些顿悟,开始慢慢去理解生与死。

2017 年 1 月 18 日夜于上海

人瑞黄慕兰

1907.7~2017.2

奶奶黄慕兰寿数一百一十一，堪称人瑞，就是凭借强大的内心之功的磨炼，一个清朝光绪末年出生的人，穿越民国抵达二十一世纪，谈笑风生中很容易让人忘记那些腥风血雨的日子，忘记那牵肠挂肚的思念。

和宛翊认识三十多年了，接触的日子时密时疏。今天人和人的关系无论怎么说都与商业关系密不可分：有事情做，在一起的时间就多，恨不得每天见；没事情做，想起来就隔空打个招呼，想不起来就等过年过节时送一声问候。

聊天的内容决定人的关系亲疏，凡聊不深入、海阔天空者大都是相识未几，相互摸不准心思。如果关系近，聊天的内容百无禁忌，该问不该问的都问，该答不该答的都答。老熟人聊天的好处是可以回忆旧事，有影没影地消磨时光，没人纠结细节的准确，也没人追究旧事是否真实。

几年前的一天，宛翊找我，随手带给我了一本书，红皮黑字，装帧朴素，封面上印着五个宋体字"黄慕兰自传"。说实在的，在宛翊递

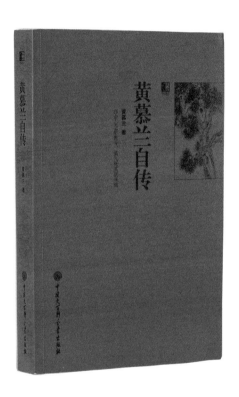

《黄慕兰自传》

给我书之前，我真不知道黄慕兰是谁，第一反应是个江湖女侠。我随手一翻，书前有照片多幅，尤其扉页那张棕色的照片，一看就是大家闺秀，眉宇之间的修养决不是今日浮躁时代可以得到的。我这些年特别关注老照片，尤其百年前的照片，真实不虚，反映出清末民初那个动荡时代人们的精神面貌，有一种坚定自信不犹疑的态度，有对未来的向往。

宛翊说："我奶奶。"我很是惊讶，几十年的交往从来不知对方父母，更别提奶奶辈。我还模模糊糊记得见过自己的爷爷，但我从未见过我奶奶。父亲戎马生涯，一辈子奔波在外，远离家乡，使我辈生下来就成为移民二代。所以我连老家方言都不会说，而父亲的胶东话至死未改。"亲奶奶，一百多岁了。"宛翊补充道。

人生百岁在任何历史时期都被视为祥瑞，能认识百岁老人都十分幸运，别说直系亲属中有人寿数过百。"一百岁的奶奶"让我钦慕不已，我和宛翊商量，找个机会去看看奶奶，沾沾仙气。太难得了，即使现在医疗、卫生、生活条件很优越，活过一百岁的人也寥寥无几。中国长寿之乡的标准是百岁以上老人比例为十万分之七，平均一万人中还到不了一个，所以大部分人在生活中很

黄慕兰　1930 年代

难直接认识百岁老人。

宛翊说："随时去，奶奶在杭州。"

这些年，我常常打听长寿之秘诀，逢百岁之人必讨教长寿之道。一番讨教下来，发现长寿之人的道行都差不多：为寿长者心态平和为第一位，不急不躁，不愠不火；而我等草民遇事先急，无端发火，显然很不入流。我人过耳顺之年时痛下决心，静心修为，争取活过百年。因而百岁老人都是我的榜样。

我问宛翊："奶奶有什么性格特点，传授一二。"宛翊说："奶奶最大的特点是什么事都不往心里去，该吃吃，该睡睡。谁来都高兴，谁走都不惦记。"我琢磨了半宿才茅塞顿开，奶奶长寿的诀窍是"谁走都不惦记"。我们是凡人，人来欢，人越多越高兴，可人一走心就凉了，谁都惦记，张长李短，风言风语，连个不沾边的明星八卦都津津乐道，与寿者比较起来，如同路边杵杖而行的跛子，望着远去飞奔快马扬起的尘土，不知所措。

我忽然想起问宛翊："奶奶健在，爷爷呢？"宛翊说："一九二八

黄慕兰　1975 年　湖北

年就牺牲了。"我当时脑子不转了，实在想不清一九二八年的时间位置。奶奶黄慕兰的健在让我们后辈感受不到一九二八年离我们究竟有多远。这一年中国共产党七岁，中国人民解放军才一岁。而朋友的爷爷已经为中国革命献身，年仅二十六岁，奶奶黄慕兰七十年后仍在说："这是我平生遭受的最严重的打击，在我的心底留下了永远难以平复的创伤。"她与丈夫宛希俨分别时，分娩才三天，七个月后饶漱石告诉她丈夫牺牲的噩耗，由于地下工作的环境她甚至不能放声哭号，只能在夜里默默饮泣，热泪滴在烈士遗孤身上。

这遗孤就是朋友宛翊的亲生父亲宛昌杰。为了党的地下工作，在组织的要求下，奶奶黄慕兰将不满一岁的儿子让母亲接走，这一别就是二十多年，直到新中国成立之后，奶奶黄慕兰才与长子骨肉团聚。这种为了信仰与革命的献身精神在今天很难为世人理解，可在百多年前的腥风血雨中，却是革命者的常态。宛希俨一九二三年入党，奶奶黄慕兰一九二六年入党，在她老人家活着的日子里，曾长久地荣膺最老的中共党员之称，入党九十一年，寿命一百一十一岁。

宛翊送我的《黄慕兰自传》我看过几遍，里面经常出现的名字都

黄慕兰与宛昌杰　1950 年　上海

是今天如雷贯耳的人物。奶奶黄慕兰的一生精彩纷呈。她生于人文荟萃的湖南浏阳；父亲与谭嗣同是至交，清末秀才，与詹天佑长期共事；她自幼聪慧，读过著名的周南女校。周南女校百年前在长沙算是新生事物，校名取自《诗经》：周礼尽在，南化流行。知名校友有：向警予、蔡畅、陶斯咏、丁玲等。五四运动之后，奶奶黄慕兰受到革命思潮影响，逐渐接受妇女解放革命思想，改名黄慕兰（曾用名黄彰定、黄定慧、黄淑仪），取自钦慕花木兰之意；先入团继而入党，与董必武、陈潭秋、邓颖超、宋庆龄、何香凝、郭沫若、李一氓、潘汉年、沈雁冰、恽代英、张闻天、杨杏佛、郑振铎、于右任、毛泽东、李立三、张国焘、瞿秋白等都有过不同程度的交集，或深或浅，或长或短。她十九岁时已在武汉数万之众的集会上任主席，镇定自若，游刃有余。风云际会，人才辈出，革命会催生人早熟，奶奶黄慕兰就是最好的范例。

在丈夫宛希俨牺牲之后，奶奶黄慕兰按组织要求舍子别家奔赴上海，做了党中央的机要秘书，在周恩来的允许下，与贺昌（党的六大中央委员）结婚，贺昌与关向应、李立三、刘少奇、陈潭秋、潘汉年、聂荣臻、李富春、邓小平都熟悉，奶奶黄慕兰自然也与他们相识，机要秘书在中国共产党的历史上从来都是重要职务，非信任者不可以委

宛翔与奶奶　2000年　杭州

任。奶奶黄慕兰与贺昌相处时间有限，在香港执行任务期间育有一子
贺平，后因革命需要，贺昌劝其将儿子送与革命同事，贺昌说，我们
都是属于党的，将来他长大了，还希望他来接我们革命事业的班呢！

　　奶奶黄慕兰割舍了母子天性，与丈夫贺昌从香港回到上海，周恩来、
邓颖超夫妇、刘少奇、何葆贞夫妇都来看望过她。次年，中央派贺昌
深入江西苏区，奶奶黄慕兰皮肤太白不能一同前往，因肤白通过白区
时极易暴露身份。宛希俨当年就是一别成永别，奶奶黄慕兰泪洒衣襟，
依依不舍。贺昌说："革命战士流血不流泪，工作任务第一。"谁知与
贺昌此别也是永别，贺昌于一九三五年春率部突围时牺牲于江西会昌
河，陈毅元帅曾赋诗痛悼贺昌烈士。

　　奶奶黄慕兰的神奇在于她无论在何种逆境中都可以逆流而上，
还可以掌舵摇橹。在上海为党做地下工作的日子又结识了最后一任
丈夫陈志皋。陈志皋为名门之后，七世祖为清代文渊阁大学士、礼
部尚书陈阁老，就是江湖谣传乾隆皇帝生父的那位。陈志皋当时为
上海律师界知名大律师，有身份有地位有财产，追求奶奶黄慕兰并
结婚后，为党的地下工作既出资又出力；陈志皋与上海黑白两道熟
络，其父百年之后，黄金荣专门给巡捕房打招呼，破例为老太爷做

黄慕兰百岁照

丧事。自一九三五年夏奶奶黄慕兰与陈志皋结婚之后，育有三女一男，个个抚养成人，惜陈志皋一九五〇年解放之后颇不得意，意去海外再谋生路，经组织同意，与妻留字纸道别，从此天各一方，至死未能再见面。

奶奶黄慕兰的婚姻是近代中国历史的写照。早年包办婚姻，无花无果；后两任丈夫各留一子赴汤蹈火，为国捐躯；最后的丈夫因时局剧变，抛家舍业义无反顾，而奶奶黄慕兰说，婚姻虽对我感情上造成重创，但不可斤斤计较，要宽宏大量。处逆境坚持乐观，情感波折压不垮，这是我健康长寿的唯一保健妙诀。

人生百年，自古就是梦想。百岁寿者，都是人之楷模，仅凭运气无法达到，必须自我修为。奶奶黄慕兰寿数一百一十一，堪称人瑞，就是凭借强大的内心之功的磨炼，一个清朝光绪末年出生的人，穿越民国抵达二十一世纪，谈笑风生中很容易让人忘记那些腥风血雨的日子，忘记那牵肠挂肚的思念。奶奶黄慕兰一生坐牢四次，解放前后各两次，累加逾二十年。一九五五年她因潘汉年案牵连入狱，其中有三年在外劳动教养，至一九七五年才从秦城监狱释放，一九八〇年邓颖超召见于中南海，公安部撤销了最高人民法院对她的错判。奶奶黄慕兰仍为自己的党籍奔波，直至一九八七年，中组部决定，承认其一九二六年入党，此时她老人家已八十高龄。

前些日子我的接生婆叶惠方大夫以一百零一岁高龄谢世，我写悼文时心里倏然一动，又想起奶奶黄慕兰，心里说，今年开春天气暖和之后，无论如何一定去杭州看望她老人家。我与宛翊商量多次，都因各种原因未能成行，谁知昨日收到消息，告之奶奶黄慕兰仙逝的消息，我忽然觉得世界上有一种东西不能等待，那就是时间，拖沓乃人生大忌。我立刻给宛翊写了唁文：宛翊兄，惊悉奶奶今日仙逝，痛心未能如约看望她老人家，深感自责。愿奶奶在天之灵安息，不计较后辈。

我知道奶奶黄慕兰一生大度，不会计较这等小事，会计较的只有我们这等凡夫俗子。寿命这一课题乃人生第一大课题，只是所有人年轻时并不在意，认为日子长得很，挥霍不尽。过来人都不这样认为，人每过十岁都会有不同的人生感受。三十而立，四十不惑，五十知天命，六十耳顺，七十而从心所欲不逾矩；孔子活了七十三岁，再往上就没了感受，对于奶奶黄慕兰，还有八十、九十、一百、一百一十，奶奶在内心里一定总结过，可惜没对我们后辈说出来。

　　我们这一代人的人生，与奶奶黄慕兰这一代人比较起来，算是小溪与江海之别、丘陵与山脉之差。如果有过自以为是，则是孔子告诫的："君子泰而不骄，小人骄而不泰。"听归听，做归做，人生实际上都在修为，修正自己的一个心态，逆则生，顺则夭，古人这话虽不绝对，但作为告诫乃是至理名言。

2017 年 2 月 7 日

写于灯下

名门李家治

1919.12~2017.2

家治先生个头不高，说话声小，不
仔细听恐听不清。家治先生细声细
气地说，陶瓷有两个精髓，科学与
人文；我是搞科学的，尊重人文，
人文的不一定理解科学，或者想理
解也找不到门路。

李家治先生去世的消息是朋友之间聊天聊出来的。我听到时还有一点点吃惊。我印象中的李家治先生个子不高，斯文儒雅，虽年龄长我不少，感觉上也就七八十岁的人，可一问，李家治已九十八周岁，虚岁九十九岁矣，真是光阴如梭啊！

听说李家治先生这个人是三十多年前的事，见到李家治先生也有小三十年了吧！那时我三十多岁，正值对陶瓷一往情深之际，在一次蹭听的学术国际会议上，远远地听李家治先生发言。家治先生说话慢条斯理，气定神闲，既有知识分子的儒雅，又有大家名门的气度。

家治先生说：我五十年代从周恩来总理手中领到这个课题已三十多年了，课题研究进展慢，被"文革"耽误些日子，但时间又给了我

李家治　2000 年代

们多一点思考。陶瓷研究对中国人来说是一个大课题，谁领到这个任务都不可掉以轻心。

老一代人的责任心和使命感是我们这一代人缺乏的。我们在打打杀杀鸡争鹅斗中成长，在文化的汤汤水水中泡大，有味道却没有营养。我们这整整一代人对文化的理解仅为皮毛，皮毛也多限于毛而少于皮，自愧弗如。老一代人专家中也分两类，一类如朱家溍、王世襄、启功、徐邦达，包括家治先生都是家学渊源。尽管不同程度都受过挫折，但骨子里贵族气乃后人不备；另一类则为翻身当家做主人，赶上了新中国建立，新旧两重天，穷苦人发奋，商人转型，后加入到革命队伍之中，最终也成为专家学者，孙瀛洲、耿宝昌、刘九庵先生都是早年在北京琉璃厂做生意，解放后进入故宫成为专家，成为一代学者的代表。

而家治先生与传统的文物鉴定行业不同，他是以科学的态度、现代科技的手段对传统陶瓷做的研究。他老人家就职的上海硅酸盐研究所历史悠久，寻根溯源，原隶属于一九二八年成立的国立中央研究院工程研究所，直至一九五九年才独立建所，全称为中国科学研究院硅酸盐化学与工学研究所。到了我喜爱陶瓷的一九八四年，才改为现名——中国科学院上海硅酸盐研究所，对于不喜爱研究陶瓷的人来说，这个所名听着就如坠五里雾中。

硅酸盐乃化学术语，跟百姓吃的盐没有任何关系。硅酸盐是硅、氧与其他化学元素（主要是铝、铁、钙、镁、钾、钠等）结合而成的化合物的总称。硅酸盐分布极广，是多数岩石和土壤的主要成分。我第一次听到"硅酸盐"这个词语时怎么也和陶瓷联系不起来，但《中国陶瓷史》这部皇皇巨著，封面上赫然印着：中国硅酸盐学会编，翻开扉页，上印有"本书科技顾问李家治"的字样。《中国陶瓷史》是我年轻时酷爱的一本专著，这本业已发黄的著作曾伴随我度过许多不眠之夜。此书开篇写道：《中国陶瓷史》是中国硅酸盐学会邀请全国各方面的陶瓷专家，用了几年的时间集体编写而成。我当时购买此书时还十分纳闷，陶瓷史怎么不由文物系统召集编写，为什么让一个硅酸盐学会一马当先？

这本一九八二年第一版的《中国陶瓷史》至今还在我的书柜上，几千本书中只有它有一个塑料护套，可见我当时对它的重视与阅读频率。当年阅读陶瓷史给我的快乐至今难以忘怀，对印在书上的每一位

我读过的《中国陶瓷史》

专家都钦慕不已。我至今仍认为，我对陶瓷领域的熟知完全仰赖于早年苦读《中国陶瓷史》的结果。

与李家治先生聊天时，我无法避免地提及《中国陶瓷史》，我对其中许多陶瓷的科技问题刨根问底，家治先生都一一解答。那时我接触最多的都是文物行业的专家，这部分人都是实战派，早年都是买卖人，古董生意中练就了一副火眼金睛，懂得是非利弊；但和家治先生聊起这些，家治先生似乎不感冒，言谈话语中颇有不屑情绪。家治先生说，陶瓷是门科学，买卖是利益，他用京剧《红灯记》里的台词说，这是两股道上跑的车，走的不是一条路。

家治先生说这句话时，我和他会心地笑了。家治先生谦和厚道，没有知识分子常见的高高在上的感觉，在后来的几次闲聊时，我总能看到家治先生谦和的笑容。记得有一年在香山科学年会上，我是唯一列席会议的局外人，朱清时教授请我去的，朱清时教授惜才开路，才给了我这样一次机会，当时我深感荣耀。席间休息，我又凑到李家治先生跟前，向他请教，我觉得科学在人文面前有着一股神奇的力量，可以从侧面解决许多人文不可解决的问题。可在这之前，我所接触的文物系统的陶瓷专家都对科学技术嗤之以鼻，而我认为这局面至少应该有所改观。

李家治先生个头不高，说话声小，不仔细听恐听不清。家治先生细声细气地说，陶瓷有两个精髓，科学与人文；我是搞科学的，尊重人文，但搞人文的不一定理解科学，或者想理解也找不到门路。

我仔细想了家治先生的话，在这样规模的科学会议上，几乎不见人文学科的专家，可见国人几百年来科学精神的落后。我有一个态度，科学可以不懂，但不可以不了解。了解科学是获取科学精神的前提，只有这样，看问题才会全面，才会有不同以往的收益。

香山会议那次和家治先生聊得最多，也最有收获，后来又见过家治先生两次，身边都是乱哄哄要求合影的人，聊天总也聊不成。后来因为家治先生年高珍惜时光，我也不知怎么请教，就也没机会更深地讨教。一晃三十余年过去，我也步入传统意义的老年了，六十一个甲子，生涯只能自怜。

家治先生仙去，遵其遗嘱未举行追悼会。一代大师，来时无风，

李家治雕塑　立于中国科学院上海硅酸盐研究所

去时无雨，却把雨露无声留给了我们，凡挚爱中国陶瓷的人，不应该不知道李家治先生，不应该未读他参与编写的《中国陶瓷史》。

　　家治先生长寿九十九，老话九九归一，一代大家，高风亮节。我还应告诉读者的是，李家治先生乃晚清重臣李鸿章之曾孙，仔细端详，祖孙眉眼真有几分神似。

2018 年 8 月 4 日写定